当众这样说就好了

[日] 伊庭正康 著
汪欣慈 译

北京日报出版社

> 前言

这样说话，只需 10 秒，就能卸下对方心防

如果遇到下列状况，你会怎么做呢？

· 在车站碰到最近刚入职的新人
· 和脾气不太好的老前辈一起等电梯
· 拜访客户时，在电梯前遇到客户的领导

如果你认为简单打个招呼就行了，那可会失去大好机会。

话虽如此，但确实有许多人在遇到这种状况时，会十分紧张且担心：可以顺利对话吗？找不到话题啊……而这本书，就是写给有这些烦恼的人，因为——我曾经也是这样的人。

我的妻子总对别人说我原本是个怕生的人，真不愧是我妻子——她完完全全说对了。不过，她这么说的真正意思是——伊庭原本怕生，但经过后天的训练现在改变了，而且还变得让人难以察觉到这点，现在不论谈话对象是谁，我都可以开心地交谈。

的确是这样。我以前的主管也曾对我说："我记得你还是新人的时候，连在宴会上也很安静啊。"当时的我是个业务员，拜访各种企业次数高达 4 万次以上。由于那时经常需要登门推

销，这对我来说是场很残酷的修行。因为拜访的对象，大多在遇到业务员推销时心里都会想：我很忙，快让开！

每天那样进行苦战的我，经过诸多错误的尝试后，终于发现了一个要诀——总之，不管用什么手段，都得**在最开始的10秒内攻破对方保持戒备的心。**

我还发现了：即使是怕生内向的我，也能做到打破僵局。其中的关键就在于——**第一句话的表述**。就算还有其他必须要达成的任务，也要懂得先聚焦于一件事情上，这可以说是一种对战策略。

而闲聊的战略，就是把焦点放在第一句话上。

尽管如此，你也不用把它想得太难。因为在这本书里，我会介绍许多可以让对话顺利进行的"万用句"。这些全都是我在日常生活中实际应用的秘诀。只要学会这些技巧，以后不管面对什么类型、年纪的人，你都不用再为了打破僵局而费尽心力了，甚至你还会开始觉得：与人见面变成了一种乐趣。

事实上，原本怕生的我之所以能在业务高手云集的瑞可利（Recruit）集团[①]中，连续两年获得全国第一，并且被表扬超

[①] 瑞可利集团：瑞可利成立于1960年，是日本领先的人力资源、分类信息服务企业。其业务覆盖人力资源、房产、汽车、婚庆、教育、旅行、餐饮、美容美发等十大领域。

前言·这样说话，只需10秒，就能卸下对方心防

过4次，都是靠这套长期磨炼出来的谈话技巧。

我认为展开话题的开端，就是闲聊。我总是如此，让客户渐渐对我说出许多心里话，并乐意向我咨询。因为我现在正教授着各种以沟通能力为基础，使营业能力、领导能力上升的培训课程，我更加确信——**对话能力是可以靠后天训练的。**

最后，我来整理一下吧。这本书的目的：希望从今以后，当你需要与人交谈时，能自然地想起书中传授的技巧，并能找到"那句话"来打破对方的心防！为此，我将介绍许多可以立即派上用场的强力战略。而我最重视的，正是技巧在实际生活中的应用程度与实践性。

我希望你阅读完这本书之后，不管突然在哪里遇到谁，都可以很快地打破僵局。毕竟人生或职场上的机会，存在"巧遇一瞬间"的概率超乎想象地高。我诚挚地希望你能够凭借这本书牢牢抓住每个飞黄腾达的机会。

Rasisa Lab 有限公司董事长 / 培训讲师

伊庭正康

目录

CHAPTER 1

**不用好口才，
怎么谈都讨喜的"说话金律"**

1. 掌握对方爱聊什么是交谈热络的第一步　　002
2. 装笨让对方当主角，和谁都能聊不停　　005
3. "讲道理"谁都怕，坚持己见最伤感情　　009
4. 懂"聆听附和"，任何人都会把你当知音　　013
5. 学会这样接话，从此不再是"句点王"　　017
6. "题外话"先撩心，后续正事都好谈　　021
7. 谦虚是好事，过度则坏事，怎么把握尺度？　　025

CHAPTER 2

**1分钟由陌生变熟悉的
"问话必杀技"**

1. "示弱"是最强武器，能瓦解所有心防　　032

2. 杀手级万用招呼语，30 秒由陌生变熟络　　036

3. 拜访前先了解，你的重视是别人信赖的来源　　040

4. 名片有门道，懂得看，就不怕冷场没话题　　044

5. 寻找共同熟悉的地点，瞬间拉近关系　　049

6. 场面话这样说，不浮夸好感度倍增　　052

7. "往事"怎么聊，加深交情又不踩雷？　　056

　　加分专栏　当时这样说就好了　　060

CHAPTER 3
善解人意，谁都喜欢你的"情感增进术"

1. 隐私领域怎么切入？不冒犯又拉近距离　　064

2. 彼此不投缘，这招能帮你翻越心墙　　067

3. 用共同好友当话题，加速炒热气氛　　071

4. 重温上次的话题，好印象瞬间加温　　074

5. 跟"扑克脸"怎么聊？放低姿态能融冰　　077

目录

6. 久别重逢也能聊不停的秘诀 　　　　　　　　080
7. 套出商机也不坏交情的商用秘籍 　　　　　　083
8. 业绩情报如何探听？商务高手都这么做 　　　087

　　加分专栏　当时这样说就好了 　　　　　　090

CHAPTER 4
懂人情世故，谁都会被你感动的小诀窍

1. "寸止"回话绝技，插嘴转话不露痕迹 　　　　094
2. "感谢"传心意，懂诀窍不流于场面话 　　　　098
3. 不失格地"自曝其短"最能赢得好人缘 　　　101
4. 巧妙说出内心希望，贵人可能在身边 　　　　105
5. 吃人嘴软，美食是最强攻心利器 　　　　　　108
6. 缺点故意显露，好感加分的"小心机" 　　　112

　　加分专栏　当时这样说就好了 　　　　　　116

CHAPTER 5 交谈走心，好感最高的"聪明回话术"

1. 表达"羡慕语气"，别人乐于当你的知音　　120
2. 忠言逆耳，改用"评分暗示"不伤感情　　123
3. 嘴不甜同样赢得人心的"优点采访法"　　126
4. 知道领导在乎什么，比打感情牌更重要　　129
5. "诱导提问"能瓦解负能量，不起冲突　　132
6. 固执难沟通？这句神回话可说服　　135

　　加分专栏　当时这样说就好了　　138

CHAPTER 6 一句话入魂，有趣的人都懂的"情绪接话绝技"

1. "五感叙述"有画面感，让人意犹未尽　　142
2. 讲话怕无趣？比喻绝技让你句句精彩　　146
3. 转危机为好感的"卓别林话术"　　149
4. 想说话幽默？"夸张假设"很有效　　152

5. 锁定专精部分，再生疏的话题都能聊开　　*156*

6. 改变"说话顺序"，无聊话题都变有趣　　*159*

7. 打动人心的话题灵感，怎么搜集？　　*163*

　　加分专栏　当时这样说就好了　　*166*

CHAPTER 7　不用找话题，谈再久都不累的"提问绝招"

1. 七成让对方说，交谈不疲惫的"3W 法则"　　*170*

2. 用"很少见"来赞美，无论谁听了都受用　　*174*

3. 面对"得罪不起"的人，该怎么说话？　　*176*

4. 诱导对方说不停的"冷场破冰术"　　*180*

5. 好汉爱提当年勇，一句问话让他痛快说　　*182*

6. 学会这么问候，"长辈缘"手到擒来　　*185*

7. 接话回应带感情，会越谈越热聊不停　　*188*

　　加分专栏　当时这样说就好了　　*190*

CHAPTER 1

不用好口才，怎么谈都讨喜的"说话金律"

① 掌握对方爱聊什么是交谈热络的第一步

闲聊时,有不少人会因为不知道第一句话该说什么而烦恼。因此,也就常听到别人谈论闲聊的技巧,并表示要多搜集杂学话题。当然,这个说法并没有错,只是我认为其实还有更应该注意的事情。那就是——首先要拥有**"自己的话题,必须配合对方兴趣"**这样的观念。

假设我上来就说:"我最近去了 RIZAP① 健身,不知道是不是真的会变瘦呢!"你觉得对话会变成什么样子呢?我说的可是真实发生的事情,你听了之后,是否也变得很想回答呢?

让人觉得不可思议的是:每当我把去上 RIZAP 健身课程的事情当作话题时,场面几乎都会被炒热,这多半是因为大部分的日本人最近对 RIZAP 都抱有兴趣。

---

① RIZAP:日本专营的一对一训练的健身机构。

只要像这样**先想象好对方会感兴趣的事物，再选择话题**，自然就会让彼此的交谈更加热络。

另外，我想要特别提醒那些自认为很会说话的人，请务必多加注意。因为这样的人经常会一不小心就无视对方感兴趣的事物，只顾着说自己擅长的事。即使你谈话是为了对方好，这么做也容易让人感觉像是瞧不起他。举例来说——

不好的范例：

你："话说，你会打高尔夫球吗？"

他："不，我很不擅长，其实已经10年以上没碰过了。"

你："这很可惜啊！高尔夫球很有趣的。"

他："是这样没错啦……"

你："我上礼拜就去了栃木县，那里的球场真漂亮！平坦的球场最好了，景色也是一览无遗啊！"

明明对方已经说不打高尔夫球了，你还继续说下去。这正是只会把自己感兴趣的事物当作话题的现象。若你只会这样与人说话，他人终究也只能配合你，有一搭没一搭地聊下去了。

包括刚刚举例的个人兴趣，以下这几项，都是与人交谈时很容易冷场的话题——

- 任职的公司 / 自己的小孩
- 宠物 / 对方不知道的人 / 自身兴趣

这些冷场话题的共通点，就是**都围绕着自己在打转**。

请想象一下，当第一次见面的人跟你说"我家孩子超可爱，你要不要看照片"的时候，你是不是往往只能配合对方的话题，回答："哇！还真是可爱。"

如果对方是知心的亲朋好友，或许没什么关系。但对初次见面的人来说，被别人这样问，只会觉得困扰而已。

话说回来，我偶尔也会因为想让对方更了解自己，一不小心便说起自身感兴趣的事物，所以这一点真的非常重要：在交谈时一定要谨记**"不要说太多对方不在乎的话题"**。

最后，总结一下：为了让交谈更热络，一定要以对方感兴趣的事物来开启话题。

此时的你或许想问：要怎么样才能知道对方对什么有兴趣呢？下面的章节将会为你一一解答。

· POINT ·

自己喜欢什么不重要，别人想聊什么才是关键。

② 装笨让对方当主角，和谁都能聊不停

就算无法让闲聊变得特别有趣也完全没有关系。下面提供给你一个秘诀，可以试着使用看看——以"比对方稍微无知"的立场来提问。

这是一个可以促使对方多说一点话，使彼此交谈更加热络的加分法则。请看看下面这个场景，这是某位主管与下属闲聊时的真实对话，当时两个人可以说是聊得非常愉快。

好的范例：

主管："外出辛苦了，天气还真好呢。**你午餐吃了吗？**"

下属："吃过了，在车站附近的店里吃了荞麦面。"

主管："真的吗？真不错！**味道如何？**"

下属："很好吃喔，但是蛮贵的。"

主管："蛮贵啊……**大概多少钱？**"

下属:"一个人大概 1000 日元[①],对我们来说算是有点贵。"

主管:"1000 日元的话确实偏贵呢。**口味如何?**"

下属:"有点重口味。"

主管:"有点重口味?"

下属:"酱油味道很重,适合喜欢重口味的人。"

主管:"这样啊,原来如此。那我下次去吃吃看吧,谢谢你的推荐。"

感觉如何呢?有这样的主管,不觉得令人心情愉快吗?在这段对话里,特别需要注意"**利用提问能让话题延续下去**"这点。

我想你应该也能感觉到,上面主管提出来的问题并非穷追猛打,而只是单纯地在请教对方的感想而已。在最后以"谢谢你的推荐"结束本次谈话,也让这段对话变得很完美。

相信上面的例子已经能让你明白装笨的原因。接下来,作为比较,来看看不好的闲聊范例吧。

---

① 1000 日元:折合成人民币大约为 64.5 元。

不好的范例：

主管："外出辛苦了，天气还真好呢。你午餐吃了吗？"

下属："吃过了，在车站附近的店里吃了荞麦面。"

主管："喔，那里啊。我记得那家店的总店在名古屋车站附近。我们说的是同一家店吗？"

下属："抱歉，我不太清楚。"

主管："应该就是吧。那家店的总店在名古屋，之前我去吃了纯荞麦粉做成的荞麦面。最后的荞麦汤很好喝喔。高汤很浓郁吧？总店的很浓喔。"

下属："……这样啊。"

主管："嗯，推荐你可以去总店吃一次看看喔！"

下属："谢谢，我下次会去的。"

跟前面的完美闲聊范例相比，相信你已经可以看出像这样只顾着说自己知道的事情，只会让对方显得很无知，这么一来，对话便很难热络起来。

在这个例子中更糟糕的是，这位主管最后还让对方开口说出"谢谢"。当对话走到这个地步，几乎只有本人感到满足，却让他人十分困扰，这是交谈中十分糟糕的状态。

也许有人想问如果自己确实知道那家总店的话，该怎么回答比较好呢？其实像这样回答："我知道总店是在名古屋，但不晓得这边也有一家店耶！味道如何？"就会好很多。

其实只要你懂得"让对方当主角"，对话就会自然而然地变热络。

不过如果平常没有多加留意，任谁都有可能会因"为了对方好"这样的心意，不小心就一直提建议。所以更应该要养成"先通过提问让对方当主角，使对话热络起来"的好习惯。

· POINT ·

让对方当主角，"装笨"能引人滔滔不绝。

③ "讲道理"谁都怕，坚持己见最伤感情

如果你是个爱讲道理的人，那可要注意了，因为这样的个性，可能会让你变成别人眼中的"麻烦人物"。

在"交谈"这门学问中，有个十分重要的基本规则，那就是——**不主张自我意见**。交谈并非议论，而是更加轻松的对话。所以请记得，在闲聊时，千万不要过于主张自己的见解。

你可以参考下面几个主题，先了解不同对话模式中，各自不同的目的——

- **议论：** 提出彼此可以接受的结论。
- **讨论：** 交换意见。
- **采访：** 确认发生过的事。
- **闲聊：** 没有目的。

了解各种对话的特性,是与人交谈时的第一要点。简单举个例子来说,闲聊的对话可能是下面这样:

好的范例:
下属:"那餐意大利面一个人大概 1000 日元,对我们来说有点贵。"
主管:"1000 日元确实偏贵。口味如何?"

可能对一些人来说,意大利面 1000 日元不算太贵。但在闲聊时,自己怎么想其实都无所谓,**最重要的是对方的想法**。如果与你交谈的人是那么想的话,就请你告诉自己:那就没错了。

通常能够做到这种程度的人,都可以轻松地创造出良好的人际关系。其实只要稍微思考一下就能明白,这也是理所当然的——毕竟不与人争论,也就不必担心会产生对立关系了。

即使面对看法有些不同或价值观不同的人,转移话题到安全范围就好。真的遇到对方持相反意见时,在闲聊的情况下,简单回答一句"每个人都不一样呢,这真的不好说啊……",无须太认真。

刻意不说出意见，才是闲聊的诀窍

	没有目的	确认事实	交换意见	得出结论
议 论				●
讨 论			●	
采 访		●		
闲 聊	●			

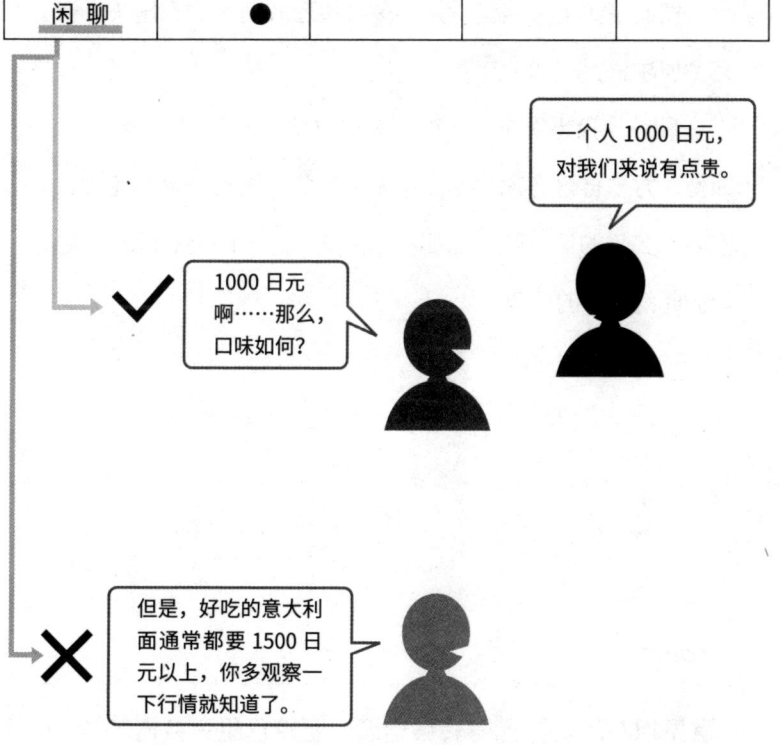

> 一个人 1000 日元，对我们来说有点贵。

✓ 1000 日元啊……那么，口味如何？

✗ 但是，好吃的意大利面通常都要 1500 日元以上，你多观察一下行情就知道了。

就拿容易起争执的"职业棒球比赛"来举例吧——假设你偶然去看了场棒球比赛，结果被朋友说："你喜欢的球队好弱啊！"这时，你该怎么回答才好呢？很简单，你只要这样回应就好："要是可以多赢几场就好了！"

在闲聊时，有些人会以"为对方好"为由，对一字一句都反应过度；甚至有些人会觉得一定要指出对方不对的地方才行。然而事实上，这些行为都极可能造成别人的不愉快，请务必多加注意。

最后，我想重申——闲聊并非议论，而是更轻松的互动。即使对方与自己意见相左，也无须反驳，更不必费心迎合。人家要那么想的话，就让他那样吧，维持这样的姿态闲聊，才是让彼此都开心的关键。

· POINT ·

意见相左时，要懂得转移话题，坚持己见只会伤感情！

④ 懂"聆听附和",任何人都会把你当知音

在前几节我已经说过,闲聊的话题若能配合对方感兴趣的事物,就会使对话更加热络。那么具体来说,究竟该怎么做呢?

接下来,我就向不擅长读取对方心思的人介绍一些个人推荐词句吧。

首先,请记得你在对话里的任务是"扮演听人说话的一方"。因此,你需要掌握好"听人说话"时必备的基本词句。只要使用得当,你就能有效率地将话题转移到对方感兴趣的事物上。我将这些基本词汇整理成下列四个等级——

一、**接受:** 对啊、好厉害喔、真不错、原来还有这种事。

二、**共鸣:** 那很令人开心呢、这样很有趣耶、真是令人惊讶。

三、**加速对话:** 结果怎么样了?你的意思是……吗?

四、深度提问：为什么？那是怎样的？该怎么做？你的意思是……？

对于扮演听人说话的一方来说，以上这些词汇就已经足够了。我可以很肯定地保证，这样说一定会让闲聊更加热络。

当然，你不必从头到尾全都试过一次，一开始只要从最初的等级用起就可以了。这样便足以顺利地进行闲聊。如果你觉得等级一很容易达成，就请逐渐挑战更高等级。若能达到等级三以上，就表示已经可以轻易控制好对话的进展。

等级三之前的词语，属于"用提问让对话更热络"的程度。建议正在阅读本书的你，至少要将目标设定到这个阶段。

试试看下面的练习题吧，请你一边回想"聆听回话四等级"对应的词句，一边思考你的回答更接近 A 还是 B。

【等级一·接受】

发话者："最近天气真好呢！"

A：真的耶。

B：嗯嗯。

【等级二·共鸣】

发话者:"最近天气真好呢!"

A:天气真的很好呢。

B:是因为温室效应的关系吧。

【等级三·加速对话】

发话者:"最近天气真好呢!"

A:真的!你周末有去哪里吗?

B:真的!我都满身流汗了。

【等级四·深度提问】

发话者:"最近好热啊,真令人困扰。"

A:真的很热,你为什么感到困扰呢?

B:真的太热了,我也这么觉得!

如何?以上四个问题,你认为哪一个答案回答得比较好呢?

其实,正确答案都是"A",理由如下:

【等级一·接受】回答"嗯嗯"听起来太过冷淡。

【等级二·共鸣】"因为温室效应"是自己的想法,在闲聊中没必要说。

【等级三·加速对话】"满身流汗了"与对方无关,也不是有趣话题。

【等级四·深度提问】"我也这么觉得"一样回答了自身感受,难以引起对方的兴趣。

当你是听人说话的一方时,**请勿将话题引导到自己身上。**基本上,对话的重点一定要放在对方那边。所以请先利用能"赞成对方"的词句,扮演好听人说话的一方吧。

· POINT ·

听人说话时,重点一定要放在对方身上。

⑤ 学会这样接话，
　　从此不再是"句点王"

虽然说倾听很重要，但一直听人说话，时间久了也会觉得无聊。事实上，对方也是这么想的。一直都只有自己在说个不停，有时候心里也会感到不太好受。

因此，**在好的闲聊中，主角是会轮替的。**

前面我曾说过——为了让对方可以心情愉悦地闲聊，你不说自己的事情也没有关系。但是，当你遇到闲聊结束的时间点时，便要察觉"说话的人已经轮到自己了"。

例如，当对话以"哎呀，谢谢你，真是学了一课"走入尾声时，表示对方的话题很可能已经告一段落，你必须开始观察接下来谁是发话者了。

若你发现没有自己可以接的话，而此时发话权已经落到你身上，在这种时候，有几个可以转换发话权的便利词句："**其实，我……**""**这么说来……**""**话说……**"。

简单举例来说，对话会像下面这样：

好的范例：
你："哎呀，真是学了一课。谢谢。其实，我最近带小孩去了一趟图书馆，比想象中还要有趣呢。"
对方："噢，那真是不错呢。你孩子几岁了？"

根据内容，将"其实，我……"换成"这么说来，……""话说……"也可以，只要这样说，对话便会很自然地展开。善用这个方法交谈，不仅可以增进彼此的了解，也会渐渐产生"真是有趣、希望下次还可以见面"的心情。

而在这种时候，最重要的就是积极地**"自我呈现"**。

毕竟若是持续停留于表面的对话，很可能会让场面变得有些无聊，因此稍微先讲点自己的事情也无妨。

简单来说，只要**运用"互惠原理"，就能让对话变得更有深度**。这是因为，人会在对方为自己做了什么之后，认为也应该要给对方回报——这可以说是一种保持平衡的心理机制。

擅长对话的人，就会像这样通过自我呈现，促使对方也想要同等回报，让彼此对话更有深度。例如——

- 想问对方节假日做了什么,就先说自己节假日做了什么。
- 想问对方家人的事情,就先聊聊自己的家人。

如果你先以"我上个星期日去给我儿子的足球比赛加油,结果我比他还紧张"这个话题自我呈现,很可能就会诱使对方回答:"我懂,像我女儿弹钢琴,之前她比赛……。"

另外,互惠原理也可以运用在一些比较难询问的话题上。下面出个题目,请先稍微动脑想想,在以下的场景中,你会如何进行自我呈现呢?

【情境一】想确认对方有没有对象。

【情境二】想询问对方的梦想。

若你已经试着做出自我呈现,可以接着参考下面的回答范例。

好的范例:

【情境一】"我单身好一阵子了,最近觉得差不多该交一个男朋友了。山田你呢?最近怎么样啊?"

【情境二】"我到现在都还没有过什么'将来的梦想',有点想要试着寻找看看……话说,山田你呢?"

对于难以启齿询问的事情,运用这样的心理法则,可以较轻易地引导出答案;想要避免对话一直毫无营养地进行,这样的自我呈现会很有效果。

· POINT ·

抓对"自我呈现"时机,话题不断,关系更亲近。

⑥ "题外话"先撩心，后续正事都好谈

如果你有一件想要单刀直入询问他人的事，却难以开口时，可以适时地借用"闲聊的力量"。举例来说，业务员通常都很想直接问客户："你对我们家的商品有兴趣吗？"但实际上，这种话很难直接开口问。其实，只要**事先想好对话的展开方向**，你就可以**若无其事地从别的话题起头了**。

假设你是银行业务员，现在必须推销投资信托等各种商品。一般的常识人们都知道，你不能直接就对熟悉的客户说："嗨，您对投资信托有兴趣吗？"你应该先设想好之后对话的展开方向，然后若无其事地开启一个看似无关的话题。如此一来，成功率便会大大增加，请看看以下范例。

好的范例：

你："前几天，我回了九州老家一趟。"

客户:"你家在九州的哪里?"

你:"熊本的市中心。我父母都已经退休了,他们靠老人年金①过生活。"

客户:"这样啊,健健康康的最重要。"

你:"托您的福。不过,当我知道现在的老人年金真的很少时,吓了我一大跳。"

客户:"真的是这样。生在我们这个年代,还真令人不安啊。"

你:"说到这个,社长,您有为以后的生活做准备吗?"

客户:"有喔。"

你:"真不愧是社长。我都还没准备,但最近开始感兴趣了,可以请教您是做了怎样的准备吗?"

客户:"嗯……出租公寓之类的吧,但我也只是刚好在近郊有公寓而已。"

你:"如果是公寓以外的投资,您会有兴趣吗?"

客户:"也不能说没有兴趣啦……比如说什么呢?"

只要对话进展到这个地步,基本上就已经引起对方的兴趣了。

---

① 年金:日本的一种养老制度。

CHAPTER 1 · 不用好口才，怎么谈都讨喜的"说话金律"

虽然范例里一开始提到的是返乡，但其实改成其他话题也一样可以成立。像"前几天看了电视上的节目报道"或是"车站附近便利商店的店员，很多人的头发都是白色的，还这么有活力，真是厉害"都可以。

再来个假设问题吧，在熟悉了上述提问的实践方法之后，面对下面场景，你会如何展开对话呢？

你有一个想要加深关系的客户，由于对方是部长，总让人感觉有些紧张。为了拉近跟部长之间的关系，你想邀请他共进午餐。然而突然开口就说"一起吃午餐吧"似乎不太自然。你应该怎样趁着对话稍微热络起来的时候，开口邀约呢？

下面是我的答案，在阅读之前，也请你先试着思考看看吧。

好的范例：

你："部长，最近这附近多了好多家餐厅呢。"

部长："对啊，还盖了新的大楼。"

你："说到餐厅，您平常午餐都去哪里吃呢？"

部长："都在这附近随便吃一吃。"

你："那么部长，您喜欢生鱼片吗？"

部长："喔，蛮喜欢的。"

你:"我也喜欢生鱼片!如果您方便的话,我找找看附近有没有好吃的日式料理店,一起吃个午餐如何?"

部长:"好啊。"

就像上述的实例所现,借由闲聊先了解对方的兴趣,之后就能以此为由,得到想要的机会了。

· POINT ·

想要单刀直入询问的事,先要从毫无关联的话题切入。

⑦ 谦虚是好事，过度则坏事，怎么把握尺度？

有些人明明有机会，却因为不会说话让机会溜走。想想你的周围，是否有些人是只听他讲话就觉得累呢？

有一天，我在星巴克听到刚结束工作的两位女性聊天，其中一人抱怨说："那个人啊，怎么说呢，她说的话真的很不中听呀。"另一人附和道："真的。只是听她讲话，我都觉得很烦躁！"

看来在她们的同事中，就有这种人存在。说真的，被人在背后这么议论，是很容易让人伤心的。

避免变得像上面那个人一样，首先我们来确认会令人避之唯恐不及的对话模式吧，下面四个容易出错的重点，请你一定要注意。

❶想要表示谦虚却变成批评公司

不知道你有没有过以下经验：本来只是打算谦虚，说了一句"像我们这种公司"，结果说出口却带有贬低自己公司的意味。像这样的失误是一定要避免的。然而有不少人，都在无意之中犯了这样的错误。

我就曾经目睹过一个尴尬的场景：一位年轻社员在应酬时对他的上司说："像我们这种公司，还真是跟不上时代呀。对吧？部长。"

原以为是一番谦虚的发言，结果却被身为应酬对象的对方部长指正道："你这样对自己部长不是很失礼吗？虽然你可能想谦虚，但这样说是不对的喔。"

你知道问题出在哪里吗？

该年轻社员之所以被指正，是因为他的发言角度是以"自己跟公司无关，经营者们应该让公司变得越来越好"出发。然而在别人看来，**可以说公司坏话的人，就只有那些背负着公司全部责任的经营者**。因此像这样**自以为谦虚地说公司不好，只会让自己的价值降低**。

❷**本来想要炒热话题，却说了不在场人士的坏话**

在谈论别人的事情时，也一定要小心。毕竟所谓茶余饭后的话题，几乎就是这种感觉："你知道吗？那个人啊……"

虽然有时候别人这样说未必有什么坏心思，但你必须了解有些人对谈论不在现场之人会感到不愉快，我也是其中的一员。你知道原因是什么吗？那是因为：当眼前的人在议论那些不在现场的人之时，会让我有一种隐隐作痛的厌恶感，因为感觉自己也可能会这样被人在背后说闲话。

事实上，身为一个经营者，出生在经商家庭，担任社长，或拥有多名下属的领导，都很可能有过这样的经历。因为曾感受过那种不愉快，所以每当看到说别人坏话的人，我都会觉得难以忍受。虽然谈论不在现场的人可能很有趣，但也必须要自觉认识到，这种行为就是在降低自己的价值。

❸ 不小心变成"对话小偷"

不知道你是否注意过，有些人会把别人的话题，一不小心就转移到自己的事情上，这就是所谓的"对话小偷"，举例来说就像下面这样。

不好的范例：

你："好希望以后能住在美国啊。"

他："美国？明明将来会是亚洲的时代，为什么不住在亚洲呢？"

你："因为可以直接讲英文，而且文化差异也不大。"

他："亚洲有些地方也可以讲英文啊。例如，菲律宾、新加坡，都是以英文为母语的国家。不是吗？"

明明可以关心地询问:"为什么想要住在美国呢？"却因为自以为对人家好的心态，不小心强迫别人听他的想法。不但错失关心的良机，还可能引人不悦。在这样的情况下，"对话小偷"本人大多不会察觉自己做错了什么事。所以需要特别留心，因为在你身上也很可能会发生。

❹过度展现自我性格，反而像怪人

有时候，被称为"天然呆"[①]或"怪人"的人，也会让人觉得很难聊。

个性"天然呆"但也可爱的人，通常不会刻意营造自己，且能因其讨喜的性格让人好感加分。虽然听起来几乎是与生俱来的优点，但在大多数的人际场合下，反而容易吃亏，所以最好多加注意。

之所以会如此，是因为性格"天然呆"的人，在互动时经常会让人感觉完全不关心对方，而只会一头栽进自己感兴趣的事物里。请看下面的案例。

不好的范例：

你:"周末你都在做什么呢？"

---

① 天然呆：日本网络用语。形容性格天真，会无意识做出傻瓜举动的人。

他："我其实是动漫宅呦，喜欢拍角色扮演的照片，最近就变身成红猪。唉，结果很难摆出动作啊，那个招牌动作有很多种……"

这种状况在不感兴趣的人眼里，完全是这个人自顾自地说了起来。如果你根本不知道他说的动漫，可能会有点提不起劲，甚至觉得有些不愉快。无论是音乐、电影、戏剧、搞笑梗都一样，若你认为将喜欢的事物拼命地传达出去，对方也会喜欢，那就得多加留意了，至少也要先确认对方到底感不感兴趣。

以上四种具有代表性的错误对话模式，是每个人一不小心就会使用的，应注意避免，大前提是配合对方的兴趣。因此，务必首先扮演"聆听的一方"，不要抢话。

· POINT ·

你聊得开心，别人不感兴趣，就是白搭！

本章重点

- 希望闲聊有趣,话题就要配合对方的兴趣

- 利用"聆听回话四等级",可以完美应对所有交谈

- 改掉想拼命说话的想法,聆听才能让对话更热络

- 适时自我呈现,就不怕话题中断

- 闲聊中坚持己见,只会破坏彼此感情

- 难以启齿的问题,从"不相关话题"开始

- 谨记"闲聊四禁忌",避免冷场、破坏关系

CHAPTER 2

1分钟
由陌生变熟悉的
"问话必杀技"

① "示弱"是最强武器，能瓦解所有心防

如果你与人初见，会因紧张而身体僵硬，面对初识之人，总不知该说什么才好，那请务必仔细阅读本章。

首先，我想告诉你：在交谈中比顺利开口说话更重要的一件事就是——你必须了解，大部分的人在初次见面时，或多或少都会抱有警戒心。因此，与其急于在他人面前显现自己的优点，不如先思考：该如何**卸下他人防备？**

具体来说，初次见面、交谈时，应该先夸对方——也就是让他人当主角，多夸对方。

这个时候，我推荐你多多运用"Killer Question"（助攻提问）。

不知你是否听过，足球中有一种叫作"Killer Pass"（威胁球）的技巧？"Killer Pass"是指让对方能轻易射门的绝妙传球，而这里的"Killer"，其实就带有给对方助攻的意思。换

句话说，所谓的"Killer Question"（助攻提问），指的就是**让对方容易开口讲话的提问**。

有些人就算与他人初次见面，还是会立刻炫耀自己。举些不好的例子："我以前曾在××公司工作，做出过很杰出的业绩喔""我认识某个很厉害的人"……其实像这样的对话，通常最会令人拉起关系的警戒线。

大多数的人若初次见面就听对方一股脑地炫耀自己的事情，往往会感觉到没有自信甚至自卑，有时候还会因此而怀有更强烈的警戒心。

我以前遇到初次见面之人时，因为很担心被别人品头论足，甚至会紧张到手心出汗。新人时期刚开始上门推销"人才招募广告"的时候也是，由于心里觉得自己是不请自来，每次拜访客户都是一次"苦行"。即使嘴里说着"这个产品真的非常厉害""得到了业界广大支持回响"这样的话语，在我心里也只觉得万分艰辛，而且对方的反应总是十分冷淡。

这样的日子持续了好一阵子。那时的我真的非常痛苦，每天晚上都做噩梦，辗转难眠。有一次，我以为自己只是因为梦境出了一身汗，事实上整张床都湿透了。

深受恐惧困扰的我，有一天突然找到了脱离的办法。我发现与其绞尽脑汁、努力地想彰显自身与商品的优点，还不如干脆被对方认为是笨蛋比较好。

自此，我开始学会使用"Killer Question"（助攻提问）。由于是负责上门推销、开发新客户的业务，我与他人的对话必须要在一见面的10秒内决出胜负。我发现，如果在这时可以顺利给对方助攻，对话就会不可思议地顺利进展下去。

来设想个情境吧！身为业务员的你，一边说着打扰了，一边打开未来客户办公室的门时，你认为坐在办公室里的员工们，脸上会是什么表情呢？这种情况下，一般来说，大概会出现仿佛看到苍蝇飞进来，进而表现出厌恶的表情吧。因为你不请自来，所以被如此对待也只能说理所当然。若你还在这种状况下说错一句话，做错一个动作，很可能就会立刻感觉到现场充斥着让你快走的氛围。

为了避免这种事发生，我都会立刻提出我的"Killer Question"（助攻提问）。

好的范例：

我："其实我一直都在关注贵公司，贵公司生意兴隆，能否容我问个问题？"

对方："什么问题？"

我："大家平常都这么有活力吗？"

就算是上述这样有些突兀又带点愚笨的问题也没关系，只要稍微装傻，问个让人能简单回答的问题，自然就会打开对方心里的锁了。

我可以很自信地说，对于初次见面的场合，自己比任何人都还要设想得周全。而且在这样的场合重复经历过好几万次后，我也终于找到了最佳的"Killer Question"（助攻提问）。接下来，就让我一一介绍几个精选的特效提问吧。

· POINT ·

初次见面时，"笨问题"最能卸下他人心防。

② 杀手级万用招呼语，30 秒由陌生变熟络

在此想要介绍一个保证实用的"Killer Question"（助攻提问），推荐给总是不知开场白该说什么的人。

当你面对素昧平生之人时，心里都是怎么想的呢？我想应该或多或少都会有一点防备吧。若只是臆测对方不知道是个怎么样的人那倒还好；然而我们无法否认，心里偶尔也会对他人产生"这家伙看起来好油腔滑调""个性似乎很阴沉""真不起眼耶"之类略带负面情绪的想法。

这也是人之常情。然而正因为如此，你更要在开始对话的 30 秒内，快速解除彼此的警戒心，才能让对话无阻碍地进行下去。

在这种时候，我有个想要推荐给你的"Killer Question"（助攻提问）。

助攻提问：

这个时期，你们都那么忙吗？

只要活用上面这个简单的问题，无论谈话对象是谁，你都可以很有效地戳中对方。由于这个问题让人很容易回答，因此往往都能顺利地展开下一个话题，可以说是效率非常高的"Killer Question"（助攻提问），希望你尝试看看。若还不是很清楚如何实际应用，请参考下面的实例。

好的范例：

伊庭："初次见面，您好。"

客户："您好。"

伊庭："现在是你们正忙的时期吗？"

客户："不，现在不算是。"

伊庭："这样啊。那么，最忙的时期是几月呢？"

客户："真要说最忙的话，应该是三月，那时我们公司会进行清账。"

伊庭："清账啊，我们公司也是三月……，清账真的很辛苦呢。对了，顺便请教一下，请问您都是负责哪部分的业务？"

客户："我是营业线的管理岗位，所以一到季末都会很忙呢。"

伊庭："营业线的管理岗位啊，方便的话，我可以再请教您几个问题吗？"

如上述案例，在不过短短 30 秒的时间内，我已经轻松地解除了对方的警戒心，并且顺利地跟他聊起其他信息了。

其实，不只是商务上，就连在派对中或私底下，擅长闲聊的人都一定会问这类的问题——

"现在是最忙的时期吗？"

"到了忙着招募新人的季节了吗？"

"是为了清账正忙碌吗？"

"月底是不是很忙啊？"

再为你介绍另外一个实例：有位专教一对一会话的英文老师曾经问我："我为学英文的商务人士讲课，在上课前通常会有 5 分钟左右的闲聊时间，那时我该问什么才好呢？"

看到身为澳洲人的她殷切希望我可以介绍日本常用的对

话，我便教了她这句:"最近忙吗?"(Have you been busy recently?)过了一阵子，当我又遇到她时，她很高兴地告诉我说:"对话变得很顺利！"

虽然谈话时期或谈话对象都不是自己能选择的，但是不管在什么时候，人们都有忙碌的理由，而我就是把这个"通常都很忙"的法则，应用在生活对话当中。

即使在商务场合与人初次见面，只要懂得活用这句话，你就可以很轻松地与人互动，不必再为此困扰了。

· POINT ·

所有场合都适用的开场白就是：最近忙吗？

③ 拜访前先了解，
   你的重视是别人信赖的来源

有时候，人们会在不知不觉中违反闲聊的礼仪，而使对方对自己的印象下降。例如，当对方是你的客户时，在商务场合，最好不要使用以下语句——

"请问贵公司的总公司在哪里？"
"贵公司最早是在哪里成立的呢？"
"贵公司是什么时候成立的？"

以上这些，其实都是可以通过该公司官方网站就可以得到的信息，若随口问出来，自己的口碑、印象下滑也是理所当然的。毕竟想要获得对方信赖的第一步，就是**关心对方重视的事物**。

只要再仔细想一想，你就会明白了：官方网站上写的，一定是对方十分注重且自豪的事，所以对上面写的事物显现出自己的关心，只能说是表现诚意的基本功。

诚肯来说，我二十几岁时，也曾经因为问道："贵公司是什么时候开始在大阪做生意的呢？"结果被大阪的客户教训了一顿。他说："你没有事先调查，对吧？算了，毕竟我们只是中小企业，也没办法。不过真是可惜呢，这种事情是一分钟内就可以调查到的。看来你还太嫩了！"

"**事先预习**"可以说是商务场合理所当然的礼仪，而且这也是取得他人信赖的第一步。

然而有时候，预习确实会花不少时间，让人不禁觉得有点费力。究竟要调查到什么程度？又该如何利用事先调查好的情报？相信也让不少人感到困惑。

我个人有个诀窍，那就是首先记住基本的信息——社长姓名、创业年份、公司地点、服务内容、经营理念，然后，试试下面这个"Killer Question"（助攻提问）。

助攻提问：

"我先前关注了贵公司的官方网站。有几个问题想要请教您，可以吗？"

这个问句，是用来显示出你已经大致了解了，但还想要询问详细内容的妙招。对于时间不多的人来说，可以说是个非常方便的手段。我都称之为**"官网信息应用法"**，接下来我们来看看相关的对话应用范例。

好的范例：

你："话说，贵公司的官方网站真的做得很不错呢。"

社长："咦，是吗？谢谢你。"

你："看过贵公司官网后，**我有一件非常想要请教您的事，可以吗？**"

社长："当然可以。"

你："*我看到贵公司的经营理念中提到'以最棒的待客态度让世界更明亮'，这让我非常有感触。不过还是想要请教您，具体来说，是用怎么样的方式呢？很抱歉问了这么基本的问题。*"

社长："你很清楚呢。其实，我们的做法非常简单，就是增加客人的满意度，让世界更明亮。"

你："*真不错，我司就很少注重这个方面呢。方便让我再请教一些问题吗？*"

我想重申一次——获得他人信赖的捷径，就是关心对方注重的事物。而这个概念，在日常对话中也一样派得上用场。举凡职场、家人、宠物、兴趣、出生地、毕业学校等，都可能是对方注重的事物。

尊重对方注重的事物，并向对方请教。这种态度，就有尊重对方的效果。在官方网站上，会有对方注重的事物。在去拜访的路上，用手机稍微浏览也行，一定要记得事先确认一下。

· POINT ·

深入请教对方官网上记载的事情，可以显现出你的关心。

④ 名片有门道，懂得看，就不怕冷场没话题

交换名片，是商业互动的第一步。若能在此时，令对方产生"你真厉害"的想法，之后的相处就会让你备感轻松。接下来，就让我为你介绍我个人珍藏的绝技吧。

在此之前，请你先想想：每次交换名片时，你都把对方的名片当成什么呢？

对于这个可能有点奇怪的问题，我个人的答案如下：在日本商场，名片几乎等同于当事人。

不过在其他国家，名片很可能只会被看作 Business Card（业务名片）。我就曾见过许多从其他国家来到日本的人，都为此感到惊讶，他们总是赞叹：真不愧是武士道！的确，对日本人来说，交换名片就算没有严谨到武士道的程度，也至少是茶道等级。

你可以想象下面的情景：对方将收到的名片，放在仿佛有

衬垫的名片盒中，兴味盎然地看着，就像在鉴赏伊万里烧[①]茶碗的美丽光泽那般，赞叹说："真是漂亮的名片呢！"开完会后，对方仿佛用怀纸包裹日式茶点要带回去一样，一边说："收下您的名片了。"一边慎重地用双手拿起，放进胸前的口袋。

这是不是让人感觉到满满的尊重呢？像这样交换名片的技术，就算说成是"名片道"也不为过。

因此，我认为交换名片时，无论你拿到的是设计多么朴素的名片，有句话务必要开口说出，那就是："真是漂亮的名片呢！"这个道理就跟执行茶道时，一定会说"好厉害的技术"一样，我将之称为**"名片道"**。

其实，只要仔细观察，你就会发现每个人的名片上，都有其个人或公司之坚持，以及满满的重要信息。

像我就曾经收到过一家公司的名片，该公司的名片会因职位等级之别，在名片纸张的厚度上有微妙差异；也有一家公司在名片背后，放上了未来的展望；最近我还发现有很多企业，会使用背面写着英文版信息的双面名片。

除此之外，不同的公司，甚至同一公司之中不同的人，名

[①] 伊万里烧：起源于17世纪，日本有田（佐贺县的有田町）伊万里地区生产的瓷器总称。因其绝美的彩绘、烧制等技术扬名世界。

片上的电子信箱地址写法也不尽相同，有时当中还暗藏着知情人士才懂的原因。

接下来，就以对话范例来确认收到名片时一定要注意的重点吧。

好的范例：

你："真是不错的名片呢。"

客户："咦？是吗？很普通啊……不过，谢谢您的赞美。"

你："仔细一看，有些人的电子信箱是用冒号；但您的却用了破折号耶。"

客户："这都被您发现了，好厉害！"

你："您过奖了。可以请教一个问题吗？不知道为什么会有这样的区分呢？"

客户："因为两边原本隶属于不同公司，是当时直接沿用下来的。"

你："原来如此。不好意思，是我没调查清楚。如果方便，可以再请教您一些问题吗？"

只要懂得利用，一张名片便足以展开话题。今后请你务必仔细观察名片，相信你一定会发现——它简直是话题的宝库。

CHAPTER 2 · 1分钟由陌生变熟悉的"问话必杀技"

收到名片后，应该先确认的地方

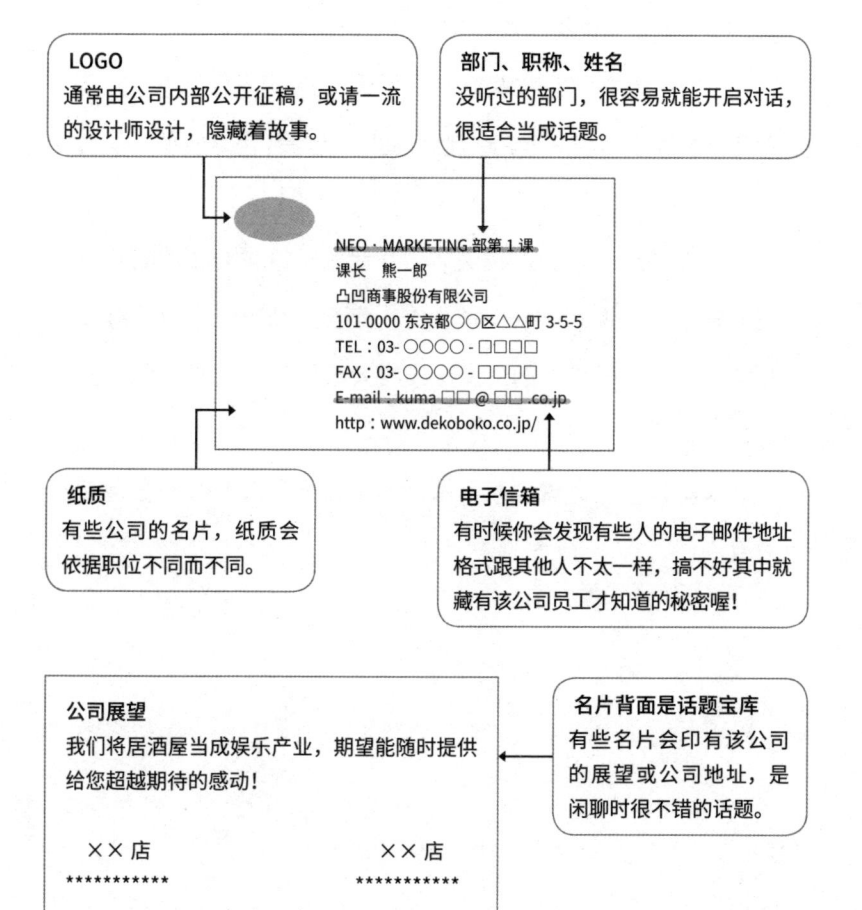

LOGO
通常由公司内部公开征稿，或请一流的设计师设计，隐藏着故事。

部门、职称、姓名
没听过的部门，很容易就能开启对话，很适合当成话题。

NEO · MARKETING 部第 1 课
课长　熊一郎
凸凹商事股份有限公司
101-0000 东京都○○区△△町 3-5-5
TEL：03-○○○○-□□□□
FAX：03-○○○○-□□□□
E-mail：kuma□□@□□.co.jp
http：www.dekoboko.co.jp/

纸质
有些公司的名片，纸质会依据职位不同而不同。

电子信箱
有时候你会发现有些人的电子邮件地址格式跟其他人不太一样，搞不好其中就藏有该公司员工才知道的秘密喔！

公司展望
我们将居酒屋当成娱乐产业，期望能随时提供给您超越期待的感动！

××店
＊＊＊＊＊＊＊＊＊＊＊

××店
＊＊＊＊＊＊＊＊＊＊＊

××店
＊＊＊＊＊＊＊＊＊＊＊

××店
＊＊＊＊＊＊＊＊＊＊＊

名片背面是话题宝库
有些名片会印有该公司的展望或公司地址，是闲聊时很不错的话题。

047

最后还想提醒一件事：由于名片相当于当事人本身，所以一定要避免在太专心说话时，让手边的名片从名片盒中掉出来，或者诸如此类的意外。

万一不小心发生，察觉时请带着歉意说声不好意思，并且立刻将名片收回名片盒。一流的商业人士会注重这些他人认为不重要的小细节。

我曾经遇到过有人在交换名片后，一边拿着我的名片折来折去，一边说话。由于是工作，我若无其事地跟对方继续交谈、合作。但说真的，像这样的人我绝对不会想介绍给其他人。

闲聊并不只是说与听，举手投足都是获取好感十分重要的点。

· POINT ·

懂得尊重别人的名片，是顶尖业务员受欢迎的关键原因。

⑤ 寻找共同熟悉的地点，瞬间拉近关系

接下来，我要为不太擅长以名片展开对话的人介绍一个更普遍实用的方法。这个方法，我将用我个人的经历来说明。

不久前，我遇到了一位令自己十分钦佩的人。当时我们正在交换名片，由于我的名片上印着东京都品川区、京都市西京区的地址，那位客户开口对我这么说：

好的范例：

客户："伊庭先生，这个地址是在西京区的哪里呢？"

我："是个叫作'桂'的地方，您知道吗？"

客户："我知道，我女儿曾在那边的站前工作。"

我："咦！我常常经过那里耶，令千金是住在附近的哪里呢？"

如何呢？如你所见，这段对话的过程，**仅仅只有短短的 15 秒，却一口气拉近了我们的距离。**

还有另一个例子，是我在东京第一次与干部见面的交谈。

好的范例：

干部："伊庭先生，您是京都人吗？京都的哪里呢？"

我："现在住在一个叫'桂'的地方，您知道吗？该不会您也是京都人吧？"

干部："是的，我家在大宫稍微往北的地方。"

我："啊，是千本通吗？"

干部："对，千本中立壳。"

我："哎呀，我外婆曾经住在那边。东西俵屋町吗？"

干部："就是东西俵屋町！"

我："好巧啊！我母亲的旧姓是……"

通过这样的对话，可以把彼此的距离拉近成宛如亲戚那般。**即使初次见面，也能够从现在聊到曾在哪里玩躲猫猫。这就是用回忆把场面炒热。**

请找找看名片上面是否有你曾住过、造访过或熟悉的地区。如果有，请这样切入看看："**是位于哪一带呢**"。接着，就

CHAPTER *2* · 1分钟由陌生变熟悉的"问话必杀技"

可以说自己其实"在那里读高中""去过好几次""有间充满回忆的店"等等，借此展开对话。

在前面的章节里我曾提过，即使初次见面，**夸对方**仍是很重要的。再加上以结果来说，这也是以对方为主角的话题，因此对你将相当有好处。

不过，在这个容易拉近彼此关系的话题中，也藏有几个小陷阱，必须要注意，那就是：不可以忘记住家细节是非常敏感的话题。毕竟还是有不少人因为注重个人隐私，对住家的话题较为谨慎；也有人不喜欢深入谈论关于自己的私事。

因此在进行对话时，务必要注意以下两点：

· 觉得对方不太接话时，就把话题打住

· 不要问得太详细，先问出最近的车站即可，尽量避免细问到地段

只要能够顾及这些要点，"地缘"会是闲聊时非常有力的话题。请务必观察手上的名片，看看有没有可以用来当作话题的地点，一口气拉近彼此的距离。

· POINT ·

共同熟识的地点可以激荡回忆，瞬间拉近彼此的距离。

⑥ 场面话这样说，不浮夸好感度倍增

我认为，会说自己说话绝对句句实在的人，都应该为这点而感到自豪。

接下来又要出题了：

假设你正前往拜访客户，对方的办公室是个屋龄40年，破旧又狭窄的小空间。如果要把该办公室当成闲聊话题，你会怎么切入呢？可千万不能说："办公室充满了怀旧感呢！"因为你很可能会被扫地出门。但总不能说："真是间漂亮的办公室啊！"毕竟，那里事实上一点也不漂亮啊。

正确答案是："真是间很不错的办公室呢！"

相信你一定会疑惑，明明就是栋破旧大楼，还夸不错，这样不觉得很刻意吗？

当然，你确实没有说谎的必要。硬是说出些显而易见的谎话，这只会让自己丧失信用。然而，你不觉得对方的办公室

好，也只是以自己的立场思考。**好或不好，请以对方的立场来考量：** 对每天身处这间办公室的人来说，这间办公室最大的魅力是什么呢？这样的想法，就是闲聊时的基准。

我的老家是个老旧的大杂院。虽然下雨时常常漏水，但我还是觉得自己家最好了，即使是现在，仍不时地会怀念起那里美好的日照与采光。

俗话说："久居则安。"同样地，工作久了，也会认为自己习惯了的办公室是最好的。能否察觉这一点，也是你可否向对方重视的事物表示关心，并受到喜爱的关键。

我在上一家公司做业务员时，曾遇到公司直接利用高架桥下的仓库当办公室。由于采用荧光灯照明，整体昏暗，第一眼还以为进入了防空洞；而且每当电车经过时，整个区域就会轰隆隆作响，迫使我们不得不停下对话。话虽如此，当我以该公司员工的视角来思考后，很不可思议地，想法就改变了，而且还发现了它的魅力所在。

首先是"有临场感"这件事：能够发现这一点，在商务交涉上可说是十分有利。

我自己曾在智能建筑里工作，也待过又挤又旧的办公大楼，每种办公环境都有优缺点，而且不如说在老旧商办大楼里，更有临场感。事实上，也有不少以此自豪的公司。

只要注意到这一点,便能与对方产生共鸣,你的评价自然会变高。

好的范例:

你:"哇,好棒的气氛啊。"

客户:"咦,是吗?我们公司很狭窄耶。"

你:"这样的临场感,(对在这里工作的人来说一定)很棒呢。"

客户:"是吗?还是漂亮的新大楼比较好吧?"

你:"有好有坏啦。贵公司真的让人感觉很有活力,您觉得这是为什么呢?"

客户:"这个嘛,硬要说的话,应该是因为大家感情很好吧。"

你:"果然是这样!感情好具体体现在哪呢?"

客户:"休息时间大家会在茶水间里聊得很开心喔!"

不知道以上例子是否已经让你了解到:在闲聊时,以对方的立场看待他人重视的事物,是至关重要的呢!虽然这样说太过极端,但如此一来,就连对象是垃圾屋的屋主,你都可以很自然地说:"这个地方,(对您而言)很棒呢。"很会闲聊的人,

既不会说谎，也不会说些显而易见的场面话。因为他们是以对方的立场出发来进行对话的，所以根本没有必要那么做。

· POINT ·

谎话、客套话让好感扣分，"以对方立场思考"才是交谈的最佳模式。

⑦ "往事"怎么聊，
　　加深交情又不踩雷？

　　如果方便的话，建议你可以问问对方的经历，以便更深入地了解他人。在此有些很实用的"Killer Question"（助攻提问），是我在商谈时很喜欢使用的几个惯用句。

助攻提问：

"您原本住在哪里呢？"

"山田先生一直都在人事部吗？"

"以前您待过哪个部门呢？"

"您一直都生活在首都圈①吗？"

---

① 首都圈：又称东京圈或东京都市圈，是日本三大都市圈之一，是以首都东京为中心的巨型都市圈。

只要问出这几句话，通常就可以轻松地创造出深入认识对方的契机。

例如，对方是人事圈的人，可以预想他对员工的关心程度，会比其他部门的员工还要强烈；业务圈的人，肯定会非常重视客户；法务圈的人，则会对公司治理守则等方面特别敏感。而你以为一直待在首都圈的人，可能曾经被派任到关西、东海，这种人大多都会怀念小地方的好。接下来，就来看看对话的范例吧。

好的范例：

你："话说，您以前隶属哪个部门呢？"

客户："其实，我10年前曾经在人事部待过。"

你："哦，是这样啊。请问您那时的工作内容是？"

客户："那时我一直在处理'毕业生招募活动'。"

你："哇，好厉害啊！这么说来，当时录取的人，现在应该都已经是公司的中坚分子了吧？"

客户："没错没错，其中也有人现在已经是经理了呢。"

你："那真是令人开心呢！"

借由关心对方至今的经历，可以接触到他人的自豪之处，并由此让话题更顺利地展开。

为了能更轻松地展开这样的对话，建议你在与工作伙伴见面前，先上网预习一下对方的经历。如果对方是管理层，他的信息很可能会被刊载在该公司的官方网站、招募网页上。如此一来，你就可能得知对方曾经待过的部门等信息。

假若即使如此，你还是得不到对方的信息，就请用下面这个技巧吧：在网络上用他的"公司名称＋名字"搜索看看。这样很可能会获得更准确的信息。然后在见面时，以此切入话题。

好的范例：

你："您该不会以前曾经在××公司工作过吧？"

客户："是的，但您是怎么知道的呢？"

你："果然是这样。因为难得跟您见面，我想先了解一下，就擅自在网络上查了您的资料，不好意思！不知道能否请教您在××公司负责的职务？"

请记得，当对方询问时，最好不要说你看了Facebook（脸书）等网站。虽然这只是种很微妙的感觉，但许多人在对方提到Facebook（脸书）时，会有点被偷窥的感受。

对方的过去，藏着很多故事——只要提到这点，并注意不要侵犯隐私，就可以大幅缩短彼此距离。

· POINT ·

用过去当话题，炒热气氛易如反掌。

加分专栏

当时这样说就好了

与当事人信仰有关系的事，千万不能当成话题。尤其是宗教、政治、球队，肯定不行。

宗教信仰的不同常常会引起论战，相信这点你应该明白。

另外还需要注意的，首先是政治——事实上，就连演艺圈内的热门选举话题，也算在政治的范畴之内。然后职业棒球队的话题，当然也是不行的。基本上，球队信仰就和宗教一样不能碰。

简单举例来说，当你遇到热血的阪神虎[①]粉丝，想提起巨人队[②]与阪神队的比赛时，仅是说了："昨天的巨人战啊。"对方可能就会莫名不开心——这就是将职业棒球队当话题的可怕之处。

另外，虽然女性之间会有互相称赞衣服的习惯，但男性并没有。特别是在工作场合中，如果突然称赞对方的衣着，有时

---

① 阪神虎：日本职业棒球队，日本最古老的职业俱乐部之一。
② 巨人队：全称读卖巨人，是一支隶属日本职棒中央联盟的球队。

可能会把场面弄僵。

　　根据统计，一般上班族被称赞"领带真好看"时，有开心感觉的只会占 20%；害羞且觉得不舒服的则占 80%。

　　对时髦的绅士更不能说这个话题。事实上，我就曾听别人抱怨过："我刚刚被一位女性称赞西装，真不知道她懂多少。"确实那个人的西装要价数十万元，是材质与细节都很讲究的衣服，就连我也不是很了解。除非对自己的时尚知识很有自信，否则还是不要称赞男性的服装比较好。

　　有个成语叫班门弄斧，意指在专业人士面前卖弄自己，是件不自量力、很可笑的事。我认为也正因如此，专门的门不是问，而是没有口的门。

　　例如，在遇到医疗相关人士时，随意评论："这种时候就需要医师和护理师更多地协助啊！"对方也只会无奈地心想：这点事我当然知道啊！

　　总之，请不要对非自身专业领域的事情妄下评论。尽管有些人可能保持客人的立场想好心给点意见，这其实也是很不妥的。

> **本章重点**

- 与人初识时，别急于显现自己的长处，要"烘托对方"

- 稍微装傻地提出问题，能卸下他人心防

- "这个时期很忙吗"是谁都能回答、很适合炒热气氛的 "Killer Question"（助攻提问）

- 活用官网信息，是赢得信赖的决胜关键

- 名片上的许多信息，都是开启对话的好话题

- 以对方的立场来观察事物优点，能让你与他人产生共鸣

- 询问他人经历与熟悉地域，更容易打开话匣子讲不停

CHAPTER 3

善解人意，谁都喜欢你的"情感增进术"

① 隐私领域怎么切入？
不冒犯又拉近距离

若你已充分利用前面章节介绍的方法，但感觉在交谈中仍有些隔阂，好像都在进行表面对话、关系没加深，甚至被说太认真……请务必参考本章内容。

你一定也曾经遇见过能立刻跟别人混熟的人吧？其实这些人未必都善于社交。我就认识一位很有长辈缘的社长，他本身也是个怕生的人。

不过他与其他容易与人亲近的人，有个相同的行为模式，那就是——主动跨越界线，进到对方的私人领域。下面这几个提问，就是与人拉近距离的利器——"您周末都在做什么呢？""您有什么兴趣吗？""请问您是哪里人？""您都去哪里喝酒呢？""最近有什么热衷的事吗？"

不过这里也有个重点需要注意——如果你太过打破砂锅问到底，只会让人觉得压力大，所以务必谨记**要小心的话题**与**不**

可提起的话题——

❶**要小心的话题**：提问时，一不小心就会变得很失礼的话题。

❷**不可提起的话题**：不管感情多好，都应该要避开的话题。

其中**不可提起的话题**就像是足球比赛被举红牌那般，一旦提起当场就出局，所以请务必当心。请试着在下面的表格，为该话题所属的分类打钩。

话题	❶要小心的话题	❷不可提起的话题
家人		
恋人		
身体特征		
房租		
宗教		
政治		
祖先		
父母的职业		
收入		

如何呢？若你已经照自己的想法作答完毕，请看看下面的答案解析。首先，属于"要小心的话题"有家人、恋人、父

母的职业、房租；而"不可提起的话题"则有宗教、政治、祖先、身体特征、收入。

不久前，我刚好目睹一场让我大冒冷汗的对话，主角是两个感情很好的同事。

不好的范例：

男同事："最近胖了吗？"

女同事："嗯，最近常加班，所以晚餐吃的比较晚。"

虽然这段对话看起来很自然，但其实是不行的。不管感情有多好，都很可能已经暗地里伤了对方的自尊。

如果对方是个心胸开阔的人，你可以在对话中不经意地询问要小心的话题。例如，以"话说，您都怎么度过周末呢？"为开场，若对方接口说出："周末都忙着送女儿去钢琴教室呢！"话题便展开了，可以自然地继续问下去，下一节将为你更深入地说明这句"Killer Question"（助攻提问）的使用方式。

· POINT ·

不管关系多好，都要懂得尊重他人的私人领域。

② 彼此不投缘,这招能帮你翻越心墙

对于总是难以进入他人私人领域、展开亲近对话的人来说,度过周末的方式可说是个万用的聊天话题。除了增进亲密度之外,这还是可以知道对方兴趣、价值观的最佳手段。

只要善加利用,就能自然且循序渐进地跨越关系的壁垒,最后巧妙地进到对方心里。这个一定要提出的"Killer Question"(助攻提问),前面也曾提过。

助攻提问:
周末都是怎么度过的呢?

虽然看似简单,但这个提问真的非常有力。不但可以自然地问出对方的兴趣、家庭构成和价值观,有时候也会顺水推舟地制造出"下次请务必带我一起去"的大好机会。

想要与人变得更亲近，一定要懂得善用这一招。接下来，就来个对话举例吧。

好的范例：

你："您周末都在做些什么呢？"

他："最近跟朋友在练乐团。"

你："好厉害！您弹奏什么乐器？"

他："我会弹吉他，虽然弹得不太好。"

你："我都不知道您居然会弹吉他耶，好厉害！您是从什么时候开始弹吉他的呢？"

他："从高中开始，因为那个时候很流行嘛。"

你："现在玩的乐团是什么类型的啊？"

他："是摇滚乐团喔。"

你："哇，好帅气啊！有可能举办表演之类的吗？"

他："希望有机会。现在正在练习中，这已经变成我最大的兴趣了。"

你："如果有机会，我很想去听听！"

他："真的吗？那我会给你寄邀请函的。"

如何？上述的对话，可以看出对方很想聊下去的欲望吧。

如果谈话对象地位较高或是异性，有时可能会让人有点紧张。但这个时候，只要稍微装傻地问问看就好。通常若是提到周末的话题，大多数人都会感觉亲近，因此你也无须太过担心。对方应该会自然地就回答出——

我在当志工①足球教练。
最近孙子出生，都在跟他玩。
打高尔夫……虽然不太厉害。
找到一家很厉害的美甲沙龙，最近经常去。

其实周末话题，还有一个不容忽视的效果。那就是——**可以拓展自己的视野。**

说到这个，我就想起与一位社长的对话。当时，社长对我说："周末我都开着马自达 MX-5 去兜风，很好玩喔！"由于我刚好也想购买该款车，所以自然很开心地跟他一直聊着关于那台车的事情。

过了一阵子，我遇到另外一位社长说："我每周都会开车去赛车道上奔驰！"于是我顺口便说了自己刚换车的事，结果被

---

① 志工：志愿工作者。

该社长约去比赛。

由于只是一辆普通车，结果并不怎么样，但对我来说，那是个非常特别的体验。其实回顾自己这一路，从立志要在公司担任管理层、决定独立开公司、决定更珍惜家人……种种新想法，都是因为跟不同的人聊过某些私人话题逐渐产生的念头。

如此以周末作为话题切入点，不仅可以更接近对方，也能拓展自己的视野，请你务必尝试看看。

· POINT ·

想借由对话加深彼此的关系，就问句："周末都在做什么呢？"

③ 用共同好友当话题，加速炒热气氛

接下来介绍一个可以与人瞬间变朋友的方法。其实十分简单，就是——把**共同朋友**当话题。

不久前，就发生了一件让我深感佩服的事。当时，交谈对象突然问我："伊庭先生，您认识××先生吗？"这真是令人惊讶。在我没注意的瞬间，他居然已经用手机查阅Facebook（脸书），并确认了我的资料以及我们是共同好友。

于是，我们以那位好友为话题，非常尽兴地聊了起来，不过短短3分多钟，便仿佛已经不是外人，而像是早就相识的熟人那般。下面为你再现当时的对话。

好的范例：

我："今天能见到您真是开心。不好意思，我可以接个
　　电话吗？"

他:"好的,请您自便。"

我:"真是不好意思。"

他:"没关系的。话说,伊庭先生,您认识××先生吗?"

我:"是的,以前工作上曾受他照顾。您认识他吗?"

他:"认识,我跟他一起玩音乐。"

我:"原来是这样啊?"

他:"他工作时,是怎样的感觉呢?一起玩音乐的时候,觉得他很敦厚呢。"

我:"他在工作上总是笑脸迎人喔。"

他:"话说,下次跟他去喝酒的时候,也可以找您一起去吗?"

我:"当然,没想到这么有缘!"

像这样,只要把**共同好友**当成话题,变熟的速度就会不可思议地加快。

后来经过几番闲聊,我才知道与我对话的 N 先生在众人眼中极富吸引力。我本来对吸引力、运气这些充满灵性的词汇都不置可否,但这次的对话经验,让我了解吸引力并非当事人本身的运气,而是他对小细节的注意产生的相应效果。

上述这个诀窍,就是拥有人脉之人,会在有意识下刻意使用的。而这个方法,无论谁都可以立刻拿来模仿。只要在社群网站上搜寻对方,并且从中找出彼此的共同好友,你就会发现人与人之间,比想象中会有更多的联结。

当然,就算没有用 Facebook(脸书)也不是问题。如果是在宴会上,你可以推测主办者或相关人士很可能就是你们的共同好友;如果是同行业,那该行业中的有名人士,也可能是你们共同认识的话题人物。举例来说,你可以用以下方式询问。

好的范例:

"您跟主办人是什么关系呢?"

"我在业界认识一位××先生……您知道他吗?"

靠网络,确实能更快速又方便地查询到共同好友。但像上述举例这样,以联想、询问的方式找出共同好友也不错。只要懂得利用共同朋友,想要一瞬间炒热气氛,绝对不成问题。

· POINT ·

共同朋友就是拉近距离的绝佳"催化剂"。

④ 重温上次的话题，好印象瞬间加温

如果你想赢得信赖，有个很基础的方法，就是记住对方说过的话。只要你能够记得对方的细枝末节之事，就有机会一瞬间打动人心，建立彼此间的信赖关系。

曾经有人跟我说过："我很尊敬××董事。因为他在我们还是新人的时候，就很照顾我们。"我进一步询问他理由，得到他如此的回答："他连我说'下次喝酒，请务必邀请我'都还记得。"虽然当事人这么说，但据我所知，董事只是跟他在走廊擦身而过时，说了句："一直找不到时间带你去喝酒，真抱歉。"

当然这也跟该董事的人品有关，但人一旦发现对方记住了自己曾说过的话，就容易产生好感与信赖。换句话说，**记住对方说过的话，便可以确实地建立起信赖关系。**

什么事都可以，请在第二次见面时，将你们之前聊过的内容提出来看看，例如——

"对了，令郎最近好吗？"

"说起来，那个高尔夫球社，状况如何？"

"前阵子的志工活动，还顺利吗？"

一般来说，太直接地表达我很关心你，容易让人感觉到压力与不舒服，但只要像这样活用提问，就可以很自然地表情达意。

然而，我想大部分的人可能没办法一一记得交谈对象每天说过的话。的确，想要记住所有的事情，太强人所难。所以，你应该摊开记忆卷轴，去找出上一回对话里的关键部分。

比方说，如果不记得对方到底有没有小孩，那就忽略掉这一点，从别的话题下手；想起对方曾说过喜欢吃荞麦面，就问："这个夏天，您吃荞麦面了吗？"即使只提起一些片段小事，也会让对方觉得你已牢牢记住上一次的交谈内容。

如果真的完全想不起来，该怎么办呢？请试试看下面的说法。

好的范例：

你："前一阵子真是受您照顾了，最近都还好吗？"

他："还不错。"

你："那真是太好了。每次碰面，您总是精神很好，这给我很大的激励。"

只要在句子里带入**最近**、**总是**等词语，就可以不着痕迹地延续上一次的对话。

顺带一提，社群网站上的话题也是拿来表达关心的好方法。例如，你可以说——

"伊庭先生，您去旅行了对吧，好玩吗？"

"伊庭先生，看您孩子好像年纪不小。今年几岁了呢？"

"伊庭先生，您是正在进行减糖饮食吗？"

这些都是我最近闲聊时被问到的话题，仔细一想，几乎都是我在 Facebook（脸书）上提及的内容。只要通过观察对方的生活兴趣后简单一提，不但会让对话产生变化，也不怕陷入冷场的僵局。

· POINT ·

再次见面时，重新提到上一次的话题，能帮你赢得信赖。

⑤ 跟"扑克脸"怎么聊？
放低姿态能融冰

你是否曾经很犹豫，不知道如何向对方提出问题？特别是面对冷淡又面无表情的对象时。许多人遇到这种交谈对象，都会决定不要聊太多，但我个人推荐你要"反向操作"。

要跟冷淡的人聊得来，由于门槛很高，所以通常鲜少有人可以迈出步伐。换句话说，如果你能够越过那道心墙，就会成为少数人的其中之一，可以与该对象缔结出特别的关系。

那些能够从闲聊中创造机会，并跟任何人都维持良好关系的人，就是因为做得到这点才受欢迎。下面便要介绍给你一个与冷淡之人闲聊可以使用的"Killer Question"（助攻提问）。

助攻提问：

"如果方便的话，可以向您请教吗？"

在我的晚辈中，有一位性格冷淡且不太会跟周围人诉说私事与心情的人。有一次，恰巧剩下我们单独相处，身为前辈，我其实也想要多了解他一些，所以我便开口问了。

助攻提问：

我："我有件事情想要请教你，可以吗？"

晚辈："好，请问是什么事呢？"

我："你现在工作上的动力来源是什么呢？"

晚辈："嗯……想让伊庭先生说出'可恶'这件事吧。"

真是令人惊讶的回答啊！但是细问之下，我才了解原来他的意思是："因为我有假想敌时，会比较有干劲。在思考自己最想让谁说出'可恶'时，自然就想到了伊庭先生。所以我的目标是，一定要让你说出'可恶'这两个字！"

虽然听起来是很有火药味的对话，但其实他的这番话，让我们的距离更加靠近了。周围的人或许会误以为我们水火不容，但事实上完全相反，我们不但关系密切，甚至可以一起讨论人生，至今还会互相切磋。

接下来说说另一个例子。我在做业务员四处奔走时，曾与一位社长有过一段对话。那位社长非常有威严，许多人面对他时总是战战兢兢，而我偏偏刻意想要越过他那道高墙。

> 我："社长，我无论如何都想请教您一件事情。"
> 社长："什么事？"
> 我："社长对应征者的选择标准，感觉非常严格。我想那一定有社长自己的考量，所以想请教您都是抱持着怎么样的想法？"

社长沉默了好一阵子后，回答："我就跟你说吧，那是因为我在找继承人。不过有员工在面前的时候，我实在无法公开说出口。"从那之后，我与社长变成什么都可以说的关系。

半年后，通过社长夫人得知社长因为找到可以诉说真心话的对象，十分开心。虽然在外表冷淡的社长身上感觉不到，但能够越过社长心中的那道高墙，我觉得十分愉快。

正是因为这些接触案例，我坚信——会令人感到却步的对象，其实也都在等待着谁来跨过他的"高墙"。

· POINT ·

碰上冷淡的人，就以请教姿态突破对方的心墙吧。

⑥ 久别重逢也能聊不停的秘诀

接下来，我向你介绍一个还不太了解对方时，可以使用的便利词句。对象设定为很久没见，而且是第二次碰面。可以用下面的句子切入话题。

助攻提问：

"……比上次还要来得……呢。"

只要你这么说，对话就会仿佛延续着之前的交谈那般。请看以下实例。

好的范例：

客户："好久不见。"

你："您比上次看起来还要精神呢。"

客户："有吗？"

或者……

客户:"好久不见。"
你:"您工作的模样,比上次看起来还有活力呢。"
客户:"是吗?可能是新人加入的关系吧……"

抑或是……

客户:"好久不见。"
你:"您看起来比上次严肃好多,发生什么事了吗?"
客户:"真的吗?嗯,其实……"

正因为很久没见,所以只要在最初切入话题时稍微下点功夫,就可以大大改变彼此的亲密程度;而且也可以借此顺利展开下一个话题,让交谈延续下去。

为了做到这点,你必须仔细观察这位很久没见的人。

我认为,一个人能不能与他人顺利闲聊,其关键就在于是否有足够的**瞬间观察力**。

可以顺利进行闲聊的人,会仔细观察对方的表情、口气、走路方式、工作气氛等。然后，他会将自己察觉到的地方，拿来当成闲聊的话题。

下面介绍一个可以简单锻炼观察力的诀窍，那就是留意日常生活中的大小事。举例来说，就像这样——

·走在路上时，别只单纯觉得马路好干净，而是进一步发觉"仔细一看，路上都没有口香糖的痕迹呢"。

·看到拖着行李箱的外国观光客，除了感叹观光客好多，还会发现家族旅行的人好像变多了。

·在便利商店里，不只知道有各家报纸，也要进一步察觉只有 7-11 到了晚上还在卖早报。

我平常都会留意这样的小事，养成在日常生活中多以不同视角观察事物的习惯。像这样磨炼好自己的观察力之后，在与许久不见的人再次相逢时，便能瞬间观察对方，并找出闲聊的最佳切入点。

· *POINT* ·

交谈对象身上的小细节，能让好久不见的你们关系急速拉近。

⑦ 套出商机也不坏交情的商用秘籍

接下来要提出的,是我超级推荐的一个"Killer Question"(助攻提问)。无论对方是工作上认识的人,还是一段时间不见的朋友,都可以使用。当你与对方大约有两三个月没见面时,可以向对方问问看这个"Killer Question"(助攻提问)。

助攻提问:

"工作内容有什么改变吗?"

这句话不但能表达你的关心,更有可能帮你赢得大好机会。

有些公司每半年,甚至每三个月就会改变一次工作内容。因此你的交谈对象很可能被调动至别的部门;即使还留在同一个部门,负责的业务内容也可能有改变。

或者有时候业务内容相同,但决定权更改了,从本来可以自己决定，变成一边确认各部门的意见，一边进行等。

因此，只要对方是有工作的人，基本上你都可以这样提问："这段时间里，您工作内容有什么改变吗？"

这个问题是可以在路上或走廊擦肩而过时，立刻就提出的。因为我常问别人这个问题，说不定有人早已察觉：伊庭先生每次都会这么问。 事实上，我确实几乎对每个擦肩而过的人都这么问——

"啊，好久不见。工作内容有什么改变吗？"
"哇，您总是这么有精神呢。工作内容还是一样吗？"

就算是这么一瞬间的提问，也有概率获得珍贵的信息。例如，我就遇到客户如此回答。

好的范例：
客户："其实，现在变成要兼做大阪的业务员了。"
我："咦？这样啊。那么，我会再联络您！"

我个人从这个"Killer Question"（助攻提问）中，不知道获得了多少个机会。

接下来，也介绍另一个因为没有提出这个问题而失败的案例吧。

相信在工作中，偶尔会遇到合作对象不知不觉中已被调换业务，但你因为不知道，还在近几个月内不停寄信给对方的状况。

工作以外的事也一样，有时会在事后才发现，有许多只有自己不知道的状况。也许有人会觉得：对方应该主动告诉我啊！但是有这种想法，只能说你实在太天真了。

确认对方的工作内容，其实也是自己的工作。只要适时开口，活用我上述所提的"Killer Question"（助攻提问），就可以防止自己做出无谓、失礼的行动，这同时也有自我防御的效果。毕竟当对方已不是业务的负责人，就算继续发请求信息，也只是浪费彼此时间。因此这些细节，不可不察。

还有一点要提醒你注意。若是在商场上，就算对方的工作内容已经改变，也要尽量避免断然地停止往来。对方进入新部门、接受新业务后，到该公司拜访时，你应该去见个面，关心对方最近好不好——这可说是个很重要的商业礼仪。

因为缘分是很不可思议的。你不知道对方什么时候会给予自己帮助，也许会回来当部门主管也说不定。这种事情在商场已是日常，正因为很多人都做不到这些礼仪，如果可以多加留意，你就能被对方注意到。

最后来整理一下吧。借由闲聊确认对方的工作内容是否改变，不仅可以避免自己做出失礼的举动，也可借此更新对方的近况、获取有利信息。

· POINT ·

关心对方职务变迁，是帮你获取大量机会的商用绝技。

⑧ 业绩情报如何探听？ 商务高手都这么做

如果你的谈话对象是一位能干的商务人士，我这里有一句大力推荐的"Killer Question"（助攻提问）。这句话除了可以应用在商场往来上，也能在私底下拿来询问朋友。

助攻提问：

"'这一季'的状况如何？"

特地询问别人"这一季"，其实是有意义的。就算3个月前状况很好，在换了一季后，也很可能会有改变。而且，如果对方在你提出问题后说状况不太好，还可以接着问"是怎么了呢"来展开话题。

如此一来，对方可能就会回答诸如"听说是没有按照计划走，结果花了比预定还要多的人事费"之类的问题。

在什么场合、什么背景下，他人的好不好究竟是指怎样的状况，如此对待会不会造成问题等，通过这些问答，会让你更有机会更了解对方的近况。

总有人以为问业绩就好像在问个人收入一样，那其实是个很大误解。个人收入与企业的业绩完全是两回事，只要不谈论更细节的数字，只是大体比较"与去年相比怎样"等问题，不至于造成困扰，因此还请安心。

其实，倒不如说像这样的信息，应该是不可不知才对。毕竟大多数的公司都会依业绩状况增减预算或改变方针，这样一来，合作方或多或少都会受到影响。

询问的方式很简单，就用"这一季状况怎么样"即可。下面就来介绍一个商务交谈的场景范例吧。

好的范例：

你："您比之前看起来更加开朗呢。"

客户："是吗？"

你："是啊，是因为本季业绩很不错吗？"

客户："没这回事，我收入还减少了呢。"

你："咦？是这样吗？公司获利如何呢？"

客户："完全比不上去年。"

CHAPTER 3 · 善解人意，谁都喜欢你的"情感增进术"

你："原来如此。据您观察，是有什么原因吗？"

客户："真的很不好意思。其实每个部门都没有顺利达成计划……"

你："刚才失礼。因为您看起来很开朗所以误会了。"

只要善用这个"Killer Question"（助攻提问），对话便会如上所见顺利展开。就算你没有经营与财务的专业知识也没关系，请把这当成是日常生活的对话。

另外，当你的提问让对方回答出不知道时，只要赶紧说句"说的也是，我失礼了"就没问题了，至少不会因此被认为是个不知礼数的家伙，这点还请放心。

只要活用这个"Killer Question"（助攻提问），相信你一定可以跟我一样抓住机会，将对话变成更深入的交谈，请务必试试看。

· POINT ·

商务拜访时，询问当季状况，就是展开深度对话的金钥匙。

089

加分专栏

当时这样说就好了

闲聊时，很多人会以素养来判断对方。日本某家大型外资寿险公司，甚至教导员工："为了让客人愿意把你介绍给其他人，请培养自身素养。"

该公司的员工被指定阅读《日经新闻》、其他报纸一份与某本商业杂志。毕竟以保险业来说，**对话只围绕着商品的人，是无法被人引介给其他客户的。**

以该公司的立场来看，不用做到博学的程度，只要了解生活大事即可。网络新闻虽然也不差，但还是推荐阅读比较专业的《日经新闻》。

由于人们总有股想把自己认为好的事物推荐给别人的欲望，因此容易不小心过于主张自己的想法。不论聊天的内容是体育、演艺圈话题还是美食情报等，闲聊时最基本的姿态，就是要了解：**自己认为好的事物，对方可能根本一点都不在乎。**

你必须在交谈中时时观察对方的反应，进而了解对方是否感兴趣。其中最简单的判断依据，就是当对方并非有所关心地反问"哪点好呢""有什么特别推荐吗"，而只是附和地说"喔""这样啊"，那就表示，该赶紧停下来了。

除了话不投机，**负面词句**也会降低一位商务人士的价值。先一起来封印"可是""困难""不可能"这些字眼吧。

举例来说，当你的同事说："希望可以不用加班啊！"或许你想大喊的答案是："不可能！"但在闲聊的时候，你千万不能直接说出口，否则会破坏对方情绪。因此，只要不置可否地说句"对啊，如果可以就好了"即可。

本章重点

- 场面话难加深关系，适度的私人话题让关系更密切

- 周末兴趣，是让你更了解他人的快捷问句

- 面对冷淡的人，就要摆出请教姿态

- 共同好友当话题，关系瞬间就拉近

- 上一次的交谈细节，是赢得信赖的妙招

- 活用观察力，久别相逢的感情增温法

- 关心工作变动，不必担心错失良机

- 询问当季状况，商谈中的热络诀窍

CHAPTER 4

懂人情世故，谁都会被你感动的小诀窍

① "寸止"[①] 回话绝技，插嘴转话不露痕迹

如果你曾遇到以下情况，而且深感困扰，请务必参考本章内容——

- 明明必须说出自己的事，却有顾虑
- 因对方说个不停而被压制
- 回过神来，发现一直被逼着听不感兴趣的事情

交谈时，只是一味地听着对方说话，会感觉自己像是浮在急流上的叶子，只能随波逐流，久了必然感到疲倦。

除此之外，有些人发现从头到尾都只有自己拼命地说个不停时，也会感到不悦。因此，最好的情况是，偶尔也开口说说

---

① 寸止：空手道用语，指点到为止的击打。

自己的事，但又不抢对方"做主"的地位。这么一来，闲聊便会变得更加有趣。

想要不经意地述说自己的事，诀窍就是使用"插队①"与"寸止"两个方法。实际使用起来的感觉就像这样。

好的范例：

你："对了，说个题外话，尊夫人最近好吗？"**（插队）**

他："啊，很好喔。"

你："其实，我最近刚要搬家，搬到一直都很憧憬的吉祥寺②。没想到，我跟老婆却因此一直吵架。"**（寸止）**

他："咦？为什么吵架？"

你："虽然是小事啦……大多是为了选家具而吵。我们的品位实在差太多了，我想要中世纪现代风，但她完全不是。"

他："那她喜欢什么风格？"

你："和风。您觉得呢？我们两个天差地别吧？"

他："是啊，反过来说，我们家就……。"

---

① 插队：指的是一种聊天方式，主要是说以题外话的形式切入。
② 吉祥寺：是东京都武藏野市以吉祥寺车站为中心的区域及同市的广域地域名。

只要像这样使用闲聊技巧中的"插队"与"寸止",就能自然让对方扮演听人说话的角色。如此一来,无论交谈对象多么健谈,都可以顺利创造出双向对话。

以前的我在与那些能说会道的人闲聊时,因为总是只负责听人说话,常觉得自己的能量不断被人消耗。无论面对自吹自擂、话说当年勇,还是对方早就重复过许多次的话,我都努力装作第一次听到。

甚至有一次谈话对象突然说:"中国历史真的很厉害!"于是我就被迫听了好久的中国历史。然而像这样的情况,听得时间越久,也只是让人越疲倦而已。虽然这样说有点狂妄失礼,但其实在心里总有种"好吧,我就听你说吧"的无奈。

有时,过度沉浸在自己长篇大论中的人,还会对我说:"伊庭,你的话比我想象中还要少呢。"我猜想,他应该是希望能获得我的回应吧。

现在回想起来,当时的我,应该只会被认为是个"笑着听人讲话,但绝口不提自己事"的家伙,大概不算是太好亲近。

毕竟闲聊的本质,还是建立在"互通心意"之上的,即使遵守"不说太多自己的事"这个基本规则,也多少要试着"自我呈现",才能使闲聊气氛更加愉悦。

总而言之，有"你来我往"之交流，才是对话热络的关键。虽然为了"了解对方"，摆出"聆听姿态"依然是必要之举，但是也要偶尔进行"自我呈现"，才能使彼此的关系更加亲近。在需要提出"话题反馈"时，请务必试试看"插队"与"寸止"这两种技巧，相信一定能让闲聊变得更加有趣。

· POINT ·

"寸止"绝技自然插话又不抢锋芒，让交谈更有趣！

② "感谢"传心意，懂诀窍不流于场面话

我认为最好的"自我呈现"方式，就是向人传达"感谢"的心情。尤其当你对理所当然之事表达感谢，将会显得非常有魅力。

一般人平常都不会特意对前辈说"谢谢您的照顾"，也不会向主管说"谢谢您把工作交给我"。正因为如此，你若向他们表达谢意，他们一定会很开心。事实上，不仅是对职场前辈与主管，对任何人都行。客户、合作厂商、恋人、家人……相信他们也都会因为你的感谢而开心。

虽然是很久以前的事，但我曾向前辈道谢的情景，至今仍历历在目。当时还是新人的我难得找到机会对前辈说："谢谢您在百忙之中特地指导我，往后也请您多多指教。虽然平常实在没有什么机会向您答谢……"

他立刻回答："没什么,其实对我来说也是教学相长。看到伊庭有成长,我也很开心。"这可说是我第一次感觉到"情感有交流"的瞬间,让我印象十分深刻。

当然,"内心不觉得感激却向人道谢"是绝对不行的。所以首要在诸多理所当然的事情当中,找寻可以向人传达谢意的地方。例如,你是在仔细思考后,觉得眼前的职位不是"有了工作"这么简单,而是"被人赋予工作"。如此一来,你的想法就会变成:"我得到机会了,不能让这个机会被浪费掉!"

别人答应你的邀约时,理解到对方是在忙碌之余,抽空与你见面,因此要找个时间,向对方表达"谢谢您总是在百忙之中抽空见我"。另外,总是不知不觉收到的会议资料,虽然稀松平常,也都是某个人计算人数后,再复印发放的;会议后以电子邮件寄来的记录,也是别人特地整理的。我想那个人一定没有特别被谁说过谢谢吧。那么,就由你来察觉这一点,在闲聊时表达谢意如何?对方肯定会觉得"被人理解"了。

万一你经过一番思考后,还是不知道能感谢什么,就请想想:"假如从明天开始,要一个人独自工作,该怎么办?"如此一来,你就会发现有许多本来觉得理所当然的事,如早上到公司开门、补充复印机的纸……都是别人默默的付出。

只要你察觉了，就还来得及。请务必提高感谢的频率，积极表达自己的心意吧。

· POINT ·

对理所当然的事情表达感谢，他人对你好感最高！

③ 不失格地"自曝其短"最能赢得好人缘

如果你认为自己不擅长"自我呈现",本节要传授一个很不错的方法给你。首先,希望你能厘清所谓的"自我呈现",这并不表示一定要暴露自己的"黑暗面";而且也请不要因为自己先敞开心胸、透露不为人知的一面,就期待对方也同等相待。如果你这么想,很可能会让人觉得不舒服。

举例来说,不管你今天是对他人说"其实都无法达成业绩,快要被开除""每天都跟老婆吵架,好烦啊",还是"因为暴饮暴食胖了快十公斤",这些话对方可能一点也不有趣。

话虽如此,偶尔暴露自己不光彩的事,确实也是很有效率的"自我呈现"方法。假如你懂得善加利用,甚至可以带给对方安心感,变成别人眼中"可以无所顾忌交谈"的好对象。

然而,想要达到如此效果,是有条件的。那就是,你该提起的,应该是"因过去不够成熟而失败"的例子,而非"现在的失误"。当你开口的前提是"现在很顺利",对方也能比较轻松地接着询问过去已结束的事情。你可以善用以下话语,让话题更好展开。

助攻提问:

"事到如今我才敢说,其实我啊……"

像这样的基本词句,可以延伸应用为——

"其实我现在才敢说,我以前因为业绩太差,还差点被开除。"
"因为是以前的事情我才敢说,曾经有一段时间,我们夫妻天天吵架。"
"要不是现在瘦了,我才不敢说,我以前因为暴饮暴食,也一度很胖喔!"

重要的是让对方了解你是因为"活用过去失败的经验",才有了现在的成就。如此一来,对方便能安心地听你说话,我个人称之为**"少不更事法则"**。

只要有此前提,对方就可以毫不尴尬地回答:"咦,完全看不出来耶！""从你现在的状态，实在很难想象你也有过那种时候呢！"

我个人就曾经对有业务往来的客户说："老实说，我在新人时期一直觉得工作很无趣，而且根本没想到业务工作有这么辛苦。现在回想起来，才觉得当时每天在外奔波，就只为了达成目标，实在是错得离谱。"

虽然透露的是以前的感受，但言谈之中，表达的却是"自己的想法已经改变了"。事实上，现在的我也确实认为——之所以四处奔走，是为了解决顾客的问题，业绩只是随之上升而已。

正由于所说的困境已经过去了，所以我能大方地说出口。对方听了之后，也笑着对我说："原来有这回事啊。不过，我很懂你的心情。我们公司里的年轻员工可能也都跟以前的你一样。"

我曾经为"主管研修课程"做过资料，通过对几位主管的访谈调查，得知了"充满活力的职场"与"死气沉沉的职场"之间的差异，简单来说就是下面两点——

・是个毫无禁忌、什么都可以说的职场
・为了打造出上述职场，主管与前辈们都会谈论自己过去失败的例子换句话说，述说"过去失败的经验"有带给对方安心感的效果。主管、前辈们的"失败经验谈"，更能让年轻社员与新人觉得"连主管、前辈都曾经这样失败过啊"，然后放心地学习和成长。如果职场间能维持"什么都可以说的关系"，也会在各方面都带来良好的影响。

回到原来的话题吧。为了让他人能对你产生"可以无话不谈"的印象，试试看在对话中提一些过去的失败经验吧，这将会让你的可信赖度变得更高。

· POINT ·

有技巧地揭露"过去的失败经验"，能有效带给对方交谈时的安心感。

④ 巧妙说出内心希望，贵人可能在身边

接下来就介绍一个"想更加了解对方"时，可以使用的绝佳秘籍吧。

上一节中，我提到"过去的失败经验"可以有效拉近你与他人的距离。假如你进一步的目的是"问出对方的未来规划"，就可以用"述说梦想"的方式来进行"自我呈现"。

会主动说出自己未来的梦想，或是以后想做什么、成为什么样的人……这种人应该少之又少。大多数人可能都会觉得"没有特地说出口的必要"，甚至"对未来本来就没有什么想象"。

如果你也是这样，就请这么想吧："即使不是什么远大的梦想，但我想要成为……"这样就够了，只要你稍微用心，就能自然地应用下列词句了。

助攻提问：

"我很少在别的地方提到……"

实际的应用例子如下——

"我很少提起这件事，其实我希望以后能回到故乡。"
"虽然我没跟别人说过，但我希望能早点结束单身赴任[①]的生活，趁孩子还在念小学时参加他的运动会。"
"我在别的地方不太会说这件事，其实我希望以后能自己创业。不过具体内容还没有决定。"

你可以像这样说出自己对未来的任何想象。如此一来，不但对方会因为你主动说出这些事而感到开心，也会给你自己带来很大的变化。因为，**只要将梦想化为言语，人便会慢慢地朝那个方向前进，最终走到自己规划的未来。**

我在二十几岁辞掉工作时，曾跟一位身为经营者的客户提

[①] 单身赴任：员工（通常为男性）被公司派到外地甚至外国工作，而妻子和孩子并不同往，留在原来的城市继续生活。

到好几次"自己创业"的事情。对方因此给我提供了许多知识与该注意之处。托他的福，我对创业的规划变得越来越明确。

曾经有位朋友跟我说："可以的话，总有一天想要去国外生活看看。"当时他从事的是日本国内的事业，完全没有在做其他工作的准备，而且他外语也没流利到可以去国外生活的地步，我们都认为大概还需要一段时间。

然而一阵子之后，某次我与一位经营者在闲聊时，对方问我："我正在找可以负责亚洲某区域的人，你认不认识什么优秀的人才呢？"那一瞬间，我立刻想起那位朋友，于是怀着"问问也无妨"的心情拨通电话给他。一年后，他以该公司事业负责人的身份移居国外，重新开启了自己往后人生的无限可能。

看完上述实例，不知你是否已感觉到"开口说出梦想"的厉害之处呢？如果有什么想要达成的梦想，不妨用来进行"自我呈现"。如此一来，不但能让彼此关系更亲近，还有可能朝梦想迈进一步。

· POINT ·

主动述说梦想，贵人可能就在你身边。

⑤ 吃人嘴软，
　　美食是最强攻心利器

如果上述两个方法对你都不太适用，"一起用餐"也是个可以拉近人际距离的高效作战策略。美国心理学家艾尔芬·詹尼斯（Irving Janis）就曾提出："**人在用餐时，较能正面地接受获得的信息。**"所以请务必善用人们的口腹之欲，借此搞好关系。

话虽如此，突然向人提出邀约，也是需要勇气的。由于现在有些公司甚至禁止接受任何款待，一旦不小心被认为是"想要请客"，遭拒绝的概率总是非常高。

为此，我要推荐给你一个实用且安全的做法，它可以很有效率、不着痕迹地邀请对方一起吃午餐。这个技巧的开场白就是："我最近发现一家不错的荞麦面店……"实际对话可能会像这样展开。

好的范例：

你："我之前在车站前，发现了一家不错的荞麦面店呢。"

客户："是在哪里啊？"

你："西口那边，不是有家外观很像旧民宅的店吗？"

客户："啊，是那里啊。我都没有去过耶。"

你："我也是上次才第一次去。那家店的十割荞麦面①非常好吃喔，也蛮便宜。话说，您喜欢荞麦面吗？"

客户："是啊，我很喜欢。"

你："方便的话，下次一起去吃吧。"

客户："好啊！"

你："那下次去的时候约您。"

这样如何呢？对日本人来说，这段对话的重点就在于"荞麦面"。由于讨厌荞麦面的日本人不多，而且它的价格通常不贵，也不花时间，一般人很难找到理由拒绝。如果你提的是超辣拉面，不喜欢辣的人就不会想吃；法国料理等要花更多时间

---

① 十割荞麦面：在日本，只要荞麦粉的比例超过30%，都可以称为荞麦面，十割指的是用100%的荞麦粉制成的面条。

用餐的，则可能会超出午餐时间。

当然，换成其他料理也可以，这里只是因为"荞麦面是大部分日本人都能接受的食物，且不昂贵"才拿来举例，只要是一样安全的选项，不管是什么都行。

如果你不太擅长主动邀约他人，或许对此会感到有些抗拒。但请别担心，就算不用勉强开口说出"要不要一起去"也没关系，就说"请务必去吃吃看。那家店还有包厢，也很适合开会哟"等，先提供信息给他就好了，说不定对方下次就会邀请你一块儿用餐。

顺带一提，这样的闲聊其实也是一种"自我呈现"的方式。它可以让你"不过于强硬地推销自己满意的事物""轻松地传达喜好"，对方甚至会因此感谢你提供信息，可以说是很便利的"自我呈现"妙招。

因此，也建议你如果注意到什么店，养成多进去试试的习惯。如此一来，就能够与别人聊得更多，同时改变对话的质量。

毕竟不论是谁，一定都有"口腹之欲"。而且相信你应该也会察觉到，那些被说是"美食通"的人，因为本身握有许多美食情报，周遭的人都自然而然地想要靠近。

虽然这招很好用，还是要提醒你——即使现代标榜着"性别平等",在公事上碰到异性对象时,邀约的组成人员基本也要在三人以上。一对一的聚会,很容易让人产生误会。因此,建议你这时一定要加上一句:"也找您的同事或主管一起去吧?"或者说:"我们主管也很喜欢荞麦面,我也邀请他一起去吧!"

就算这样可能被人认为思想老旧,但由于人多嘴杂,有时真的会产生许多流言蜚语,最好还是尽量谨慎。

总之不管是拉面还是定食①,请以"平价餐厅"的等级,找寻可以推荐给对方的美食店吧。

· POINT ·

人们的"口腹之欲",也是拉近距离的绝妙利器。

---

① 定食:日本餐厅里面的一类,属于饭类,饭都是定在250克,里面的配料都是标准化的。

⑥ 缺点故意显露，好感加分的"小心机"

有些人总以为只要保持正向乐观，就能给人带来好感。其实不是，反而是让人感觉"有些小缺点"的人，最受他人喜爱。

你无须对自己太过于苛责，过度的正向反而会让面对你的人感到有压力。即使你总是积极地面对挑战，也要偶尔露出丧气的样子，才会让与你交谈的对象产生共鸣，并且为你设想："有什么可以帮上忙的地方吗？"

为了达到这个效果，你可以这样说说看：**"我觉得自己很没用。"** 下面便来介绍一个对话范例。

好的范例：

你："我最近真的觉得自己很没用。"

客户："咦？是怎么了呢？"

你："终于体会到管理 5 人与管理 20 人，是两种完全不同的感觉！我真的觉得自己太没用了。"

客户："是吗？是有什么不同让你烦恼呢？"

你："因为我一个人能顾及的范围有限，所以正在苦恼该怎么跟每个人都建立信赖关系。今后还得继续努力才行啊。"

即使显现出自己的弱点，还是努力地设法解决——像这样的**"奋斗姿态"**，就是让对方有共鸣的关键。

不过有时候，也有人说出相反的话，这种情况往往发生在人"逞强"的时候。例如，可能会说："哎呀，5 个人与 20 个人当然不一样嘛。没事，总是有办法的。"

即使你这么说，事实上还是不顺利，而且事情也没有变好的迹象。不管怎样都只会让对方难以产生共鸣，而且还有点说不上话，就像看你进到了高温浴盆中，脸都涨红了还说"我没问题"一样。

比起逞强，热的时候就说"热"，有问题的时候就说"有问题"会比较好。另外，最好不要寻求安慰。如果你一直忧郁地说自己"能力不足"，只会让对方感觉尴尬，而且明显发觉你就是要他说句"没这回事"而已。虽然这样略显严苛，但也有不少人在闲聊时，会因此觉得"这个人好麻烦啊"。

即使你确实显得垂头丧气，也不能摆出"完全找不到解决办法"的样子。努力找出解决办法的姿态，才是成熟的人显现软弱的方式。

也就是说，故意逞强、表现正向，都反而会拉开与对方的距离；一味担忧自己的弱点，只会让对方觉得"真麻烦"。不过，摆出"明明努力了，还是找不到办法"的姿态，就会让人想要给予协助。

事实上，受欢迎的英雄也是这样。超人力霸王[1]只能待在地球3分钟，但每次都会想办法解决；哆啦A梦[2]滥好人形象太过，但也尽力帮助大家；人称"经营之神"的Panasonic[3]

---

[1] 超人力霸王：日本"特摄之神"圆谷英二导演一手创办的"圆谷制作公司"。自20世纪60年代起推出空想特摄系列电视剧、电影、漫画、舞台剧等作品。

[2] 哆啦A梦：由日本漫画家藤本弘创作的漫画。

[3] Panasonic：指松下，是日本的一个跨国性公司。

创办人——松下幸之助[①]，虽然体弱多病、时常卧床，仍努力想让日本繁荣发达。

总而言之，一股脑地显现自己的正向，是行不通的。偶尔透露出自己的缺点，才能让人有共鸣、产生联结。

· POINT ·

偶尔也显示自己的弱点吧，"十全十美"的人只会给人距离感。

---

① 松下幸之助：日本松下电器创始人。

加分专栏

当时这样说就好了

请你一定得注意，**八卦虽有趣，但传久了就会变成毒药**。假设你今天不小心向人透露"那个新人很不细心"，虽然或许可以炒热聊天气氛，但大多都会引起后续问题。

因为，信息可能会被放大成"那个人好像讨厌新人耶！"或者传到当事人耳朵里，让对方觉得："咦？我被那位前辈给讨厌了？"

偶然产生的误解，往往都很难解开。所以"懂事的人"大多会为了不被卷入纠纷，与八卦划清界限，并且注意尽量不从自己口中说出来。就算遇到别人正在讲八卦，他也只会以"这样啊""还有这种事喔"表示关心，自己决不会加入发言。

此外，当关系拉近后，总有人想要问出对方的收入。但是，这种话绝对不能说出口。收入是个敏感的话题，在聊天过程中，一定会让其中一方感到不快。

有不少人都觉得"收入＝成人的价值"，由于收入确实会影响到一个人的生活质量，会这么想也没办法，但这样的想法绝对是错误的。

相信你学生时代一定碰到过，有些人对分数话题很感兴趣；有些人则对"是否身为球队正规队员"十分敏感。而"收入"这个话题的敏感程度，比起上述情况，远远强了10倍不止。

因为收入不同，房子的大小就不一样；用餐的餐厅选择也等级有别，从"搭新干线时会乘商务舱还是普通座位"到身上饰品的品牌价格也都高低有别。虽然这不是比较好与坏的问题，但绝对不是个令人愉快的话题。

为了保全彼此的感情，请你千万不要提及上述两个令人不悦的话题。

> **本章重点**

- "插队""寸止"两秘招，自然拉近人际距离

- 刻意对"日常之事"表达感谢之情，可以快速提升好感

- 活用"过去的失败经验"，轻松打破人际隔阂

- 述说"未来想象"，可以问出对方"将来的规划"

- 善用"平价美食"，邀请对方共进午餐零压力

- 展露"不完美"，让你更讨喜

CHAPTER 5

交谈走心，好感最高的"聪明回话术"

① 表达"羡慕语气"，别人乐于当你的知音

聊天时，若对方抱怨个不停，身为倾听的一方则会心感疲惫。如果你真的已经受不了，到了忍不住想跟对方说"不要再抱怨了"的程度，就请试着让对方发觉他自己的优点吧。

人们只要一察觉到"自己的重要"就会变得开心。因此任何能让他人发现"自己真是幸运"的意见，都非常宝贵。有些人甚至会特意为此寻求建议、阅读、参加研讨会。

既然如此，不如就让我们成为那种可以借由闲聊，让别人察觉"自己是很幸运"的人吧，相信一定可以让你的闲聊对象心满意足。

能够与人如此交谈的诀窍就是——在对话之中带入**"其实，我很羡慕你……"** 这句话。但还是要记得，在闲聊时，没有必要直接给予对方建议，因此，你只要表达自己的"同意"即可。

当我还是别人公司员工的时候，曾与先行创业的晚辈有过

下面这段对话。

好的范例：

晚辈："伊庭先生的压力来源是什么呢？"

我："应该是会议太多了吧，最近的会议都拖很久。"

晚辈："其实我很羡慕前辈呢。因为开会只要坐着就能领到薪水，就算不发言，下次还是会找你去。这不是最棒的工作待遇吗？失去这个权利之后，我才知道它的好。毕竟身为顾问的我如果这么做，一定会当场被解雇吧。"

原来如此！真是醍醐灌顶！当时晚辈的一番话，让我心里忍不住冒出这样的惊叹，因为我自己从来没用这种观点想过"会议"这件事。直到那个瞬间我才发觉，自己其实正理所当然地接受"这就是我处的环境"，并且对那样的处境毫无危机感。

话说到这里，我想你可能会有疑问："即使没有特别羡慕，也得说自己羡慕吗？"我认为这种时候，就算只有一小部分令人感到"向往"，也可以说是"羡慕"。

身为培训讲师的我，常四处拜访各家企业的培训场所。那些地方大多很偏僻，电车一小时一班，巴士一小时也只有两班，连便利商店、咖啡厅都没有，但是景观很迷人。不但被绿色山脉包围，早上还会被小鸟的鸣叫声唤醒，空气非常清新。

以这个例子来说，该地点确实有好有坏，但我认为好的地方已相当明显。所以，我会这么形容："这里真是太棒了，竟然可以用鸟鸣声代替闹钟！这让住市中心的我超羡慕啊！"我确实是那么想，才会开口说出这番话。但当然没有喜欢到"想搬来"的程度。

前面与晚辈闲聊的例子也是。虽然他说"只要出席会议就有钱拿，真令人羡慕"，但如果我问"要不要回来当员工？"他肯定会一口回绝吧。毕竟，他都已经创业成功了。由此可见，他羡慕的只是其中"一部分"，但是对这部分的羡慕，也是真心的。

其实人比自己想象中还要**难以察觉自己"值得他人羡慕"的地方**，因此闲聊时，如果可以自然地让对方察觉到他拥有的优势，对于那个人来说，也是度过了一段有意义的时间，他一定会很感激你。就算只有一部分也没关系，从今天起就试着让对方察觉"理所当然中的幸福"吧！

· POINT ·

表达羡慕让人"感觉良好"，好感自然手到擒来。

② 忠言逆耳，
改用"评分暗示"不伤感情

就算你觉得他人"还可以做得更好"，其实也不需要直接给予对方建议，而是该用**询问**的方式来处理。

就像孩子们有时候总喜欢问妈妈："怎么样，我可爱吗？"这时妈妈如果回答"可爱"，孩子可能继续追问："真的吗？"孩子的心里仍然半信半疑。因为这样的回答很笼统，根本无法让孩子确信自己哪里可爱。

如果那位妈妈在回答时，再加上一句："很可爱哟！对了，把刘海儿往上夹起来怎么样？哇，很棒耶，看得出来是个姐姐了，变得好漂亮。"这样的回答，就会让孩子开心地跑到镜子前，左看右看了。由此可见，人其实有自己寻找"发展空间"的本能。

事实上，许多受欢迎的美发师、美容师、服饰业店员，都会察觉到这点，并且在闲聊时尽力地拓展客人的"发展空间"。虽然面对孩子时能说出"把刘海儿往上夹起来"的建议已经很不错，但是在大人的世界中，这样的应用还要来得更复杂。

毕竟对别人来说，比起变漂亮，说不定她想要看起来更年轻；比起穿得时尚，更希望能把经典单品搭配得好看。或者比起出人头地，比较想要提高自己的专业性；比起增加收入，更渴望不要加班……正因为每个人在乎的事物都不一样，即使是本着"为别人好"的立场，提出的建议也不一定令人受用。

比起提出建议，用"提问"让对方自行察觉会更好。其实只要这么问就够了："如果满分是 10 分，现在的状态你会打几分？"用来询问工作状态的话，就会像下面的例子。

好的范例：

你："不知道您目前工作上是否遇到什么问题？"

他："嗯，这个嘛，算是进行得蛮顺利的。"

你："那真是太好了。作为一种学习，可以再问您一个问题吗？**如果满分是 10 分，您会为自己打几分呢？**"

他："咦？好难呀。8 分左右吧。"

你："非常感谢您。请问您为什么会扣掉两分呢？"

他："这个嘛……硬要说的话，因为这个月底无论如何都需要加班，没办法好好照顾到家庭吧。"

你："喔，也就是说……"

经过两次询问，对话很可能就变成这样，于是对方自然会察觉："对了，这么说来，这个月底并不能算是顺利度过。"

如果你是业务员，则可以试着询问客户负责人同样的问题。例如，当对方说："现在没有换厂商的必要。"就接着问："谢谢您的回复，我了解了。作为学习的参考，方便询问您一件事吗？如果完全没有不便、不安心的情况是 10 分，您会给现在的状态打几分呢？不好意思，问了一个奇怪的问题。"

这时候，对方大多会回答"七到八分"，而剩下的"两到三分"便包含着"虽然不是大事，但是如果可以改善的话会更令人开心"等愿望。这时，你就有机会看见自己向对方提建议的可能。

请务必学习并善用这招，在闲聊中多多让对方察觉到其他的"发展空间"吧。无论你的对象是谁，在面对客户、朋友、恋人、家人……时，都请这样试试看吧！

这个"评分询问术"，采用了热门销售员们都会使用的推销绝招，是个非常好用的特效药。

· POINT ·

"评分询问术"，高效暗示让人自主改观！

③ 嘴不甜同样赢得人心的"优点采访法"

不知道你是否也曾觉得,想要直接向对方"表达认同",是件很困难的事情呢?如果你也有这样的人际困扰,本节就要为你介绍一个超级方便好用的缓冲词句,来为你解决问题。

孩童时期,生活以读书及社团活动为主,为了使你健康成长,长辈们大多会在你表现良好时称赞你。

然而长大后却完全不一样,随着年纪增长,越来越没有人会直接地对你说:"你真不错,做得很好喔!"我知道有不少成年人,甚至因此失去自信心。

身为一名领导者,有一项很重要的沟通技巧,那便是——在进展顺利时,明确地给予团队反馈。只要你适时表达:"很顺利呢,请继续这样进行下去。"便可以使你的团队更加有动力。

即使在日常,"称赞"在闲聊时往往也能有效地派上用场,所以请务必在察觉对方的状态绝佳、工作毫无延迟的时候,像这样问问看。

助攻提问：

"你觉得为什么可以如此顺利？"

像这样询问对方工作或其他事顺利进行的理由，不但可以让本人更加有自信，也会借此察觉到自己其实做得很顺手。假设今天你的对象是某家公司的管理人员，对话就可以像下面这样。

好的范例：

你："为什么您可以如此顺利地培养后进呢？"

他："我吗？看起来有那么顺利吗？"

你："从我的角度看是很顺利的。因为才进贵公司一年的新人们，工作时看起来是如此愉快，这样的状态，许多企业都做不到呢。要怎么样才能让新员工如此乐于工作呢？"

他："(原来如此)这个嘛……嗯，硬要说的话，应该是我们每天都会进行'当日回顾'吧。"

你："这话怎么说呢？"

他："其实，现在比起两年前……"

只要像这样让对方自主察觉到难能可贵的事，不仅能让他人变得更加有干劲，自己也可能获得重要的提示——可以说是一场"高质量闲聊"。

请试着多观察别人做得不错的地方，不需要特别突出，只要达到"没问题"的程度就可以了。接着，你就可以像记者一样，针对"顺利"的部分交谈下去。主题可以是——

·家庭关系不错 / 养儿育女有方 / 工作看似顺利
·很有慧根 / 总是十分开朗

事实上，真的什么都可以聊。就算不是什么特别了不起的事，也完全没关系。把"没问题"想成顺利进行，也是闲聊时正确的态度。

其实有时候，也的确需要给出一些严格的反馈。但请别忘了务必要在发现对方做得还不错时，询问其中的理由。如此一来，就能让闲聊变得更愉悦且有趣了。

· *POINT* ·

称赞会让人心情变好，首先，要把"标准"降低！

④ 知道领导在乎什么，比打感情牌更重要

接着来介绍一个可以用于年纪较长、辈分较高之人身上的词句吧。

跟领导、董事长级别的客户对话时，有不少人会感觉紧张，我承认自己以前也是那样。而紧张的理由十分简单——因为我根本不知道该说什么才好！

每当脑袋里一浮现："要跟比我大20岁的部长说什么啊？我对高尔夫球根本一窍不通！"我便无法像平时那么稳重、冷静。

本来，我看到同事跟领导亲密地打成一片，都会心生佩服。但在每天执行业务工作，与主管频繁地来往之后，我了解到一件事——没必要特意去打成一片，而是该先了解对方关心的话题。

与领导对话时会感到紧张的人，请这样询问对方看看。

助攻提问：

"您现在最重视的是什么呢？"

面对这个问题，大部分的领导都会觉得"问得好"。这个问题的优点，就是可以让领导在回答你时，同时察觉到自己的想法。而且无论如何，对领导来说都是个能将重要信念传达给下属的大好机会。实际举例的话，对话会像以下这样。

好的范例：

你："有件事想请教您，可以吗？"

领导："当然！怎么了？"

你："仔细观察后，我发现领导现在手上有许多重要项目。请问您现在最重视的是什么呢？"

领导："（喔，终于来问了！）这个嘛，应该是每个人的成长吧。"

你："怎么说呢？"

领导："（喔，居然要继续问下去啊！）其实……"

提出这样的问题不但会让领导觉得你值得信赖，还会认为你十分能干。因为主管的需求，也正是组织的重要课题。所以你若对此表示关心，就会为自己建立"很有远见"的形象。

顺带一提，聚餐时，若辈分较高的长辈或领导也在场，光从座位分配就能明显看出哪个下属比较受到信赖，而谁不太受到信赖。

受到信赖的人通常会坐在领导附近；而不受信赖的人，则会与领导保持距离，和同伴坐在一起。毕竟，任谁都想坐在与自己有好感的人身边。不只聚会，你能否掌握所有经过眼前的机会，其实也都决定在自己的行动上。

老实说，我个人也会无意识地与领导保持距离。所以，我完全可以明白这种心情。但是，这样的作为，只会使自己错失机会。为了抓住机会，就要奋力向前，摆出积极的姿态，这是很有必要的。此时，只要懂得这句台词，就能像武士拿着名刀一般，充满自信——"现在，您最重视的是什么呢？"

这招"Killer Question"（助攻提问），会让你拥有足够的武器，从而得到领导的重视。

· POINT ·

询问领导"重视的事"，让你的形象加分，被领导信赖。

⑤ "诱导提问"能瓦解负能量，不起冲突

接下来，就向你介绍当对方遇到难题、正在烦恼时可以使用的提问吧。人在面临难解之事时，常常会不自觉地唉声叹气，碎碎念着"果然很难啊""我一定做不到啊"等。

然而事实上，大多数的情况，以客观的角度来看，都有办法找到对应的解决方式。如果你能够在闲聊时，让对方自然地察觉到这点，你觉得会如何呢？就算只是稍微帮一点忙，我相信对方也一定会很开心的。

这个比直接建议来得更有效的"Killer Question"（助攻提问）就是——

助攻提问：
"如果可能的话，你认为还有什么解决方法呢？"

这个提问真的非常有效果,实例运用如下。

好的范例:

同事:"客户订单越来越多,最近都来不及处理收据了。"

你:"无法解决吗?"

同事:"嗯,有点困难。毕竟大家好像都很忙。"

你:"那么,**如果可能的话**,你认为怎样可以解决呢?"

同事:"咦?如果可能的话……"

你:"对,只是假设,有什么解决的办法吗?"

同事:"这个嘛,虽然有点难,不过如果有人可以来帮忙就好了。"

你:"那跟主管商量看看吧?"

同事:"这个?看这状况很难吧。"

你:"那要怎样才能跟他商量呢?"

同事:"咦?要怎么样?啊!原来如此,对了……"

　　人经常会在还没被逼到绝路时,就觉得"太困难""没办法",而这个"Killer Question"(助攻提问)就是要把对方的这种常识给推翻。想帮助对方打破界限时,就用这个词句看看吧。

133

不过有一点需要注意，当你面对的是"习惯怪罪他人"的人，就算你问："如果有可能解决，会怎么做？"对方可能也只会回答"是那个人个性有问题""这家公司办不到啦"。这便是对方根本没有想要解决问题的表现。这时，你可以这样问对方："原来如此，是这样啊……真是辛苦了。**如果你自己可以处理的话，你会怎么做呢？**"

其实不管是遇到他人不知道该怎么做或自己碰上难关时，都可以利用这个"假设问句"。比起直接建议，有时候这样问更能让人察觉之前没注意到的解决方式。

· POINT ·

一个绝妙提问，解决问题，让你成为他的贵人！

⑥ 固执难沟通？
　　这句神回话可说服

接着介绍当你碰上固执己见的朋友与晚辈时，可以使用的回话词句。

有不少人喜欢在嘴边挂着"事实"与"意见"两个词，虽然他本人认为自己陈述的是事实，但有时仔细一听，却并非如此，反而大多是主观意识。

大部分的情况下，你只要忽视就好。但有时候也确实会忍不住，想让对方认识到这件事情。这时，有可以不用说教就能不经意让对方"发觉自己过于固执"的方便词句。那就是——"没有其他的吗？""真的是这样吗？"

这两个问题，是顾问公司和企划类的新人经常会被问到的。为了让新人们能察觉自己的思考是否合乎逻辑或过于主观，主管们会以这两个问题，训练他们自我察觉。

其实这也是可以用在闲聊上的提问，我以前就经常被前辈这么问。拜此所赐，我察觉到许多不曾注意过的地方，让我十分感谢前辈。因此，也希望你可以善用它。

举例来说：假设有个晚辈，在跟你商量事情时，提道："我们公司每天都非加班不可，根本没时间谈恋爱。真的很想早点回家！"身为前辈的你，可以这么说。

好的范例：

你："真的挺难呢。但是，难道没有其他方法吗？"

晚辈："其他方法？"

你："对，其他解决'加班困扰'的方法。"

晚辈："这个嘛……如果利用外包公司，或许能缩短上班时间吧。"

你："原来如此，这确实不错。还有其他的办法吗？"

晚辈："其他？嗯……减少一些业务？"

你："好像有不少方法呢。如果是这样，要不要再想想看是否有其他选择？"

虽然晚辈暂时只想到"利用外包公司"和"减少业务内容"，但应该也察觉到"其实是有其他方法的"。下面举另外一个例子，以"真的是这样吗？"唤起对方更多的思考。

好的范例：

同事："山田先生太保守了！完全没有挑战精神。"

你："哎呀，那真的很麻烦耶。但是，真的是这样吗？"

同事："是的，我每次拜托他尝试新做法，都被拒绝啊！"

你："听起来真辛苦。不知道怎么做才能让他接受呢？"

同事："就是啊……大概也要考虑山田先生的想法吧。啊，对了，我都没问过他的想法。"

其实，那位山田先生可能不是因为保守而不接受，只是无法理解新做法而已。上述这两个例子的共同点，就是提醒对方"你陈述的并非事实，而是自己的主观想法"。

"因为主管都不理解""都是经济形势不好，业绩才那么差""商品不够好，业绩怎么可能好""也只能自己多做一点了""为了增加收入，唯有换工作这种方法了"……像这种"只能……"的思考，大多都是自己过于固执己见的结果。如果你能借由提问，让对方自发察觉，这就是个高质量的对话了。

· POINT ·

不用与固执的人争辩，两个问题就能搞定一切！

加分专栏

当时这样说就好了

相信你也有过这种经验——有时就算明明想让对方自己察觉,还是会一不小心就开口说教。

俄亥俄州立大学曾经进行过一项实验,他们让被实验者通过"别人教导"或"自己思考"两种方式,得出"让动物的内脏更好吃"的方法,并追踪其后续行动。结果发现,自己思考出答案的实验组,实际做出料理的人数,远比另一组高出10倍。

也就是说,给予建议或说教,事实上只能使自己得到满足,对方反而经常难以接受;还不如制造出"让对方思考的机会",如此一来不但更有效果,对方还会觉得感激。

因此,就算遇到对方说"很困难""我不知道",也请不要继续逼问:"那么,如果有其他方法呢?"因为对方很可能已经知道该怎么办,只是觉得当下不要回答比较好。

例如,你询问前辈对未来的想法,而对方只是随意搪塞,回答:"嗯，好困难的问题呢。"其实对方或许是心想"将来想成为社长，打造出资本额一百亿日元的公司""想转职到国际企业"或者"想成为教职员"。只是身处现在的公司，考虑到自身职业生涯发展，选择讲话慎重一点而已。

遇到必须要解决的问题时，也不能不面对。**但当你发现眼前的问题没有"非解决不可"的必要，对于对方的随意回答，也只需说句"这样啊"，然后不经意地将话题带开即可。**

本章重点

- 说句"好羡慕",让抱怨者转换视角、看见好处

- 就算是为别人好,提出的建议也未必会被接受,"评分询问术"让人自我察觉

- 询问对方"顺利"的原因,可有效提高好感、让人更有干劲

- 希望长辈、上司重用你,就要从他们"重视"的事情问起

- 活用"假设问句",解决烦恼不必强硬给建议

- 对象越固执,越要懂得善用"提点绝技"化解冲突

CHAPTER 6

一句话入魂，有趣的人都懂的"情绪接话绝技"

① "五感叙述"有画面感，让人意犹未尽

接下来，为你介绍一个可以让说话更加吸引人的诀窍吧。

你知道吗？有趣的人说的话，常常是带有"**画面**"感的。

所谓的"说话有画面感"，就是指他的一番话能够让听的人脑袋里出现相应的想象情景。

例如，一般人口中的"车站前有一个公交车站牌"，到他嘴里可能会变成："在人烟稀少、安静的偏僻车站前，有一块生锈的白色公交车站牌……"只这么一说，听者仿佛真的看到该场景的影像，脑内自动浮现公交车站牌的样子。如此一来，对话就会更加有趣。

其实这并不困难，只要抓到诀窍，相信你也很快就能上手。而其窍门就在于——**要在对话中加上"视觉、听觉、体感"等，让对话有画面感**，就像刚刚的公交车站牌话题那样。

要把刚刚那个话题，用"五感描述"形容得更夸张一点，

大概就像这样。

好的范例：

"这是我在某个偏僻乡村车站前等公交车时发生的事，那是个人烟稀少、安静的地方。"**(视觉＋听觉)**

"我站在那边等公交车，该处的站牌是已经很少见的那种白色铁牌，上面满是锈斑。"**(视觉)**

"等了30分钟，公交车都没有来，我满身大汗。"**(体感)**

"这时突然从远处传来咚咚咚咚、好像卡车的引擎声。仔细一看，有台10人座的老旧小巴士开了过来。"**(听觉＋视觉)**

"我还在原地心想'该不会就是那台车吧'，它就吱吱吱地大声作响，停在我面前。"**(听觉)**

"接着，门咔嗒打开了。就在我准备上车时，司机突然用麦克风说'欢迎！'我还以为是上了整人节目呢，吓死我了！"**(听觉)**

其实，不论是电视上的搞笑艺人演出还是知名演讲者的发言，都会下意识地使用到"视觉、听觉、体感"等"五感叙述"。软银集团的孙正义社长，就曾在发言中如此提过"与祖母的回忆"。

好的范例:

"在我小的时候,祖母常带我经过鸟栖站前,走那段尚未铺好的颠簸道路。"(视觉)

"祖母总是让我坐在黑色手推车上。记忆中的那台手推车,有股厨余的腐败臭味。"(视觉+嗅觉)

"由于手推车的扶手相当滑,祖母一路总会不断叮咛:'正义啊,要好好抓紧扶手喔!'所以小时候的我是真心觉得,要是掉下去,肯定会死掉。"(体感+听觉)

这段发言,真的是很厉害啊。虽然从来没有看过鸟栖站以前的样子,但当听到这么说的时候,脑海里仿佛看到了影像那般。接着就请你实际来试试看吧。下列的句子,要如何添加"五感叙述"变得更生动呢?

题目

A:"刚泡完澡后再喝的啤酒是最好喝的!"→(　　)

B:"吸烟室很臭!"→(　　)

C:"东京车站人超级多!"→(　　)

怎么样呢？我的答案如下：

好的范例：

A："刚泡完澡就喝啤酒，仿佛会让人失去意识那般刺激。"

B："吸烟室里烟雾弥漫，在里面就好像是被熏制了一样，身体都沾满那股臭味。"

C："东京车站被许多拿着公文包的人挤得水泄不通，人多到我好像快要缺氧。"

若能像这样，利用"五感叙述"有趣地传达平凡无奇的生活，听者就会感受到那股气氛，使彼此的对话更加热络。请务必养成习惯，平常就将眼前的事物加上"五感"点缀，让你的发言更有趣！

· POINT ·

平凡无奇的小事，加上"五感叙述"后，立刻变得引人入胜。

② 讲话怕无趣？
　　比喻绝技让你句句精彩

如果你懂得善用"**比喻法**"，就能将小事变得更有趣。

以前在瑞可利集团工作时，有一位营业目标完全达成的前辈，他可以说是超人一般的顶级业务员。他后来当上营业部长，曾经与任职其他部门的我搭过话，聊了 15 分钟左右。这只是看似平凡无奇的闲聊，最后他突然跟我说了一句："**你好有趣啊，有顶级业务员的特质。**"

虽然我听得一头雾水，但被这么说还是非常开心。我立刻趁机追问他："为什么您会这么觉得？"他的回答是："顶级业务员，在说话时都很擅长使用比喻。"

直到被这么一说，我才发现自己在跟他闲聊时，的确有提到"每天好像是在烟雾围绕的山路中，闭着眼睛奋力踩油门一般""就像是站着游泳那样拼了老命，一停下动作就会沉下去"等话语。

同时，我也想起这位超人前辈，也常常在对话中使用比喻。例如，他在谈论业绩这件事情时，是这么说的。

好的范例：

"伊庭，业绩就是'客人们得到的幸福总数'喔。因为客人如果购买到好商品，就会由此得到幸福。所以业绩好的业务员，就像是带给了很多人幸福那样。"

"顺带一提，业务员付出的代价则是自己的幸福总数，而这与顾客收获之间的差别就在于利益。若业绩是红字，就表示比起客人，你自己还比较幸福，所以世人才觉得你不可原谅。"

果然前辈比我还会使用比喻，居然能将业绩跟利益讲得如此生动有趣，真的让我甘拜下风。

善用比喻的人，可以把平淡无奇的日常生活，变成有趣的对话，因此十分推荐你使用这个方法。建议可以多多观察周遭事物并思考，这能用什么来比喻呢？

其中，最简单的方法就是——**象征**。例如，对于辛苦的工作，你可以比喻成"惩罚游戏"；若对方很认真地在生活，则可以形容成"像修行一样认真"；遇到通勤人潮时，也能比喻成"好像跨年那般"。

请你平时就要记得多在心里思考：如何使用比喻来叙述这件事？一开始可能会花不少时间，但当你习惯了以后，就算不必刻意，也能很自然地开口说出精彩比喻。

但也要注意——如果比喻的对象是时事话题，有可能会被误会带有其他意图，应该要谨慎避免。如果你说出"好像'市民第一'政策""就像'零金利政策'一样""仿佛'渔业权争议'[①]"等，就可能会让对方感到困扰。所以，请尽量不要沾上时事比较好。

总之，比喻有着让对话变有趣的效果，建议可以积极地尝试看看。如果发现自己有些说过头，就赶快说句"糟糕，我失言了。不好意思"来挽回。如此一来，即使比喻失败了，还是会让人觉得有趣。

· POINT ·

使用比喻法，让平凡的日常生活变得更有趣吧！

---

① "市民第一""零金利政策""渔业权争议"均为日本时事用语。

③ 转危机为好感的"卓别林话术"

相信交谈时，偶尔也会遇到对方情绪不佳的时候吧？这时，就来一句能让生气之人冷静下来的妙语吧。

当一个人遇到不顺心的情况时，最容易显现出自己的人格。但这不代表你不该陷入愤怒、烦躁的情绪，而是想建议你，要改变表现的方式。**越是令人生气的事，就越要活用说话方式来让事情变有趣**——这就是闲聊时的规则。

其实，几乎所有令人生气的事，只要转念一想就可以变得有趣；而令人烦躁的事，也能因此变得有点幸运。

例如，因为没能拿出成果，被卸除重要职务——我想应该没有什么比这个还令人气愤难平的了。这时，我建议你说一句："虽然被换下来令人生气，但也觉得还不错呢。"听你这么一说，周围的人一定会问："咦，为什么？"

来介绍我的实际案例吧。身为公司的长期员工时，我也曾经遇到过正想好好努力时，却被撤换职务的经验。因为很认真在工作，所以发生这种事理所当然地会觉得很生气。

不过我并不会将愤怒表现给周遭的人看，反而会说："这次还真的是被打败了。虽然这样讲有点冒犯，不过我觉得也还不错呢。"听到这番话的人，都异口同声地说："为什么？""真的吗？"

这并非我逞强，而是改变了想法之后，真的如此认为——

"可以了解别人在想要认真努力时，却被卸除职务的心情。"

"就算被撤换职务，还有别的责任在等待自己，其实依然被眷顾到。"

"这样一来，什么时候辞职都无所谓了。"

"像这样的经验……10年后一定可以变成话题吧。"

就像这样，在改变想法后，我察觉到了其他重要的事情。看到这里你可能会想："我又不是什么圣人君子，才说不出这种话呢！"当然，在遇到这种事的时候，脑袋里有九成都是悔恨；但是剩下的一成，则还拥有很多的可能。**而这一成的感情，就是其中的"小幸运"。**

其实只要仔细想想，你就会明白——若不是关系非常亲密，很少有人想认真听别人说些垂头丧气的话。大好机会其实都还是聚集在开朗、有精神的人身边。

请你这样试试看——虽然遇到令人生气或难以接受的事，一定会失落。但不要只是失落，或只想诅咒他人、说人坏话……也在你说话的最后加句"还不错吧"。

这么一来，你将会有种不可思议的感觉。而且随着时间流逝，在你心中觉得不错的比例，还会慢慢增加。从一成到两成、两成到五成，然后五成变成七成，直到连周遭的人都认同："原来如此，还有这种想法啊！"

把小小的悲剧，刻意看成喜剧，就是这方法的精髓。你可以把自己当成"喜剧之王"卓别林，我将之命名为"日常的卓别林法则"。我确信将这招运用在对话中，就能保持与人交谈时正好的程度。

· POINT ·

将人生的小悲剧，刻意说成是喜剧，就是受欢迎的法则。

④ 想说话幽默？
"夸张假设"很有效

很久之前，日本男性艺人乡裕美①将外套啪啪扯开，把胸口露出来的性感姿势受到大家的喜爱。搞笑团体 Down Town 的松本人志②曾在看到这动作后，说了一句让我不禁哈哈大笑的话。

当时其他艺人们都纷纷称赞："乡裕美果然很帅啊！"松本却突然说："但是，就算是乡裕美，如果将外套啪地打开时，乳头滑下来的话怎么办？"他那认真的表情真的是非常有趣，即使已经过了 10 年以上，我还深深记得。后来经过一番仔细观察，我发现让人感觉有趣的话，通常都会以"如果……"为开头。而正是这个"如果"，让对话变得更加有趣。

---

① 乡裕美：日本的一名男性歌手和演员。乡裕美出生于福冈县，但在东京都长大。
② 松本人志：生于 1963 年 9 月 8 日，堪称日本最会赚钱的搞笑艺人之一。

CHAPTER 6 · 一句话入魂，有趣的人都懂的"情绪接话绝技"

如"每次要验尿时，我就想到如果尿到停不下来该怎么办，觉得很不安……"像这样的发言，就可以让对话变得轻松且更有趣，最适合运用在与意气相投之人闲聊时。

顺带一提，我在观察过许多日本关西地区的人后，有一个大发现。那就是他们平常大多都会在心里想着：这样讲的话，应该会很好笑。也难怪关西人在外人的印象中总是很有趣。

接下来就介绍一个很适合拿来参考的例子，是我最近碰巧听到的实际对话。地点在澡堂，主角是两位小学生。

好的范例：

小学生A："如果浴池里没有热水怎么办？"

小学生B："可是人都已经来了，就算是做做样子也好，还是冲进去泡它一下吧。"

姑且不管对话是否有趣，正是这个瞬间，让我了解到关西人真的一直在思考"要怎么说话才有趣"这件事。当然大人们的搞笑不会只有这种程度，但他们也同样习惯在脑海中一直思考着"如果……"。

其实，这个"如果"也可以用在正经的公事上。不知道你愿不愿意像下面这样对人说说看呢？

好的范例：

"如果你是敌对公司的业务员，会怎样揶揄[1]我们的产品呢？"

我经常在工作闲聊时，利用这句话。因为它不但能让彼此重新发觉许多本来没能察觉之事，而且意外地让对话变得十分有趣。每当我提出那个疑问，其他人就会有源源不绝的回应跑出来——

"听说贵公司的商品很贵，是真的吗？"
"听说贵公司商品的退货条件很严格，真有此事？"
"听说贵公司业务负责人经常换，这样没问题吗？"

这个提问会使人开始尝试用别的观点思考，结果往往相当有意思。还有其他可以应用的问句，也能够制造相同效果。例如——

---

[1] 揶揄：耍笑，嘲弄；戏弄，侮辱。

CHAPTER 6 · 一句话入魂，有趣的人都懂的"情绪接话绝技"

"如果公司倒闭了，你会怎么做？"

"如果公司突然停止经营，客户会怎么想？"

"如果公司经营不善，会认真生气的人是谁？"

只要善用假设问句，你便能以这种极端的观点看待事物，这正是其中的妙趣。

有时通过这样的假设对话，甚至会让你发现自己能力的不足之处，或是找到自家产品的缺陷、更懂得感谢老客户等。

从有趣的对话到认真的话题，许多场合都可以运用"假设问句"。请务必积极地试试看！就算只是平凡的日常对话，也会意外地变得更加有趣。

· POINT ·

加点"假设"，会让对话更有乐趣。

⑤ 锁定专精部分，
再生疏的话题都能聊开

我始终认为岛田绅助①很会评论，而且他的特色就是**"巧妙的观点"**。虽然我已经很久没看电视了，但依旧认为没有其他人的评论可以超越绅助先生。不管演艺圈、经济、政治，乃至世界形势，只有绅助先生的评论，可以那么精准地正中红心。

第一次看到绅助先生，是我6岁的时候，在新京极一间名为"京都花月"，现在已经关闭的吉本新喜剧专属剧场。

那时的绅助先生还是个新人漫才②师，留着三七头——也就是典型的漫才师造型。他的表演步调很快，其中有许多让人会心一笑的地方，所以我至今还记得很清楚。

后来将头发全部向后梳，重新登场的他，不但与三七头时代一样有趣，而且还成为孩子们研究对话的对象——毕竟身在

---

① 岛田绅助：日本知名漫才师、搞笑艺人、主持人。
② 漫才：日本曲艺的一种。又称万岁或万才，日本式的相声表演。

关西圈，有趣的人总是该年级最受欢迎的那个。

从某个时期开始，绅助先生也会在新闻节目中出现。我们知道"时事问题"就算事前好好准备，也很难在摄影机前侃侃而谈。但是绅助先生完美地封印了他搞笑的一面，轻松驾驭了时事评论，这让我相当惊讶。

几年后，我偶然看到他在电视上坦白自己能如此驾驭时事评论的做法，就更让我惊叹了。

其实是这样的。他也知道"人不可能明白所有的事情"，所以他会将某件事中自己所知道的一部分"当成重点"，在说话时，**只要提到"极度精通"的这部分就好**。如此一来，他看起来就好像知道所有的事情那般。

他还举例说："关西人只要可以聊阪神队，就足以加入棒球对话。"而当时他说的例子如下：

好的范例：

绅助先生："阪神队超有钱的！我算了一下后援投手藤川每
　　　　　球的花费，还真是惊人！你知道多少钱吗？一
　　　　　球五十万。光投一球，就要价'五十万'啊！"

艺人："咦！五十万吗？"

绅助先生："是啊！我掐指算了好几次，嘴巴还忍不住

一直念着五十万、五十万的……"

艺人："哈哈，您这样好奇怪。"

事实上，绅助先生对棒球一点也不熟悉。但当他提出藤川选手的这件轶事，立刻让人觉得他好像很懂的样子。而如此**精通地谈论对方关心之事物**，正是引起对方注意的"不二法则"。

生活中随处可见的主题都可以。举例来说，仅说出："既然是号称'注重顾客感受'的星巴克，为什么会让等待点餐的队伍排这么长？"就让人觉得他不但对星巴克有观察，连对餐饮业的做事方式都很熟悉。

这么一来，就可以自然地把对话变热络。当然，在讲这句话的时候，最重要的前提是——在场的每个人，都知道星巴克。

最后，就来统一整理下吧。要懂得善用"极度精通之部分信息"来谈论对方关心之事物，并以此让对话变得更热络。

不管是好吃的拉面、美味的荞麦面店、能立即成功的减肥法……都行，只要你能提及对方感兴趣的话题，就能顺利地炒热气氛了。总之你要记得，说话时不必全面掌握，只要聊自己"极度精通"的部分就没问题了。

· POINT ·

驾驭话题不必全都懂，"精通一部分"就足以让气氛变热络。

⑥ 改变"说话顺序",无聊话题都变有趣

因为搞笑艺人都大受欢迎,我知道有许多人也希望自己讲话能像他们一样有趣。虽然闲聊时无须追求到那种程度,但由于我常常被人问起这一点,所以接下来还是介绍一下这个能让讲话变幽默的诀窍。

若是在商务上,对话的基本原则是"从结论开始说起"。我在培训时也都会特别推荐学员使用"PREP 法"——这是一种能让对话变得非常易于了解的讲话方式。

所谓的"PREP 法",简单说明就是——

- 结论:"P=POINT"
- 理由:"R=Reason"
- 实例:"E=Example"
- 重复结论:"P=POINT"

只要依照这个顺序讲话，就可以让人更加理解自己要说的内容。应用实例如下。

好的范例：

"我明天想要8点就来上班。"（P）

"因为还有一半以上的业务没处理完。现在×××企划的订购量又增加，会来不及制作订单。"（R）

"只要明天8点提早来上班，就可以赶得上。"（E）

"所以，可以让我明天8点来上班吗？"（P）

这就是"PREP法"，基本上，凡是商务对话，都应该使用PREP法。

但闲聊不同，日常交谈时，若想让话题有趣，可不能突然就先提起"笑点"（结论）。因此，为了要制作交谈时的"笑点"，首先要"改变说话顺序"。我将之称为闲聊的"DPE法则"，即——

· 描述："D=Describe"

· 结论／笑点："P=POINT"

- 说明:"E=Explain"

以上就是闲聊时，会让对话变有趣的基本顺序。

在运用"DPE 法则"时，有三个重点。首先要面无表情，且不带主观色彩、轻描淡写地叙述一件事；其次再带入主题、笑点；最后以"我心里想……"来叙述与主题无关紧要的感想，让对话变得更加有趣。

当你这么一说，会让对方不禁想要吐槽你："重点是那里吗？！"即使只是件琐事，经过如此的顺序改换，都会变得非常有趣。实际举例如下：

好的范例：

"这是我在星巴克等客户高桥先生时发生的事。他好像第一次来星巴克，一直显得坐立不安。本来我们还若无其事地闲聊，但高桥先生后来似乎忍不住了，突然小声地说：'这家店的店员都不过来呢。我想差不多该点个热咖啡来喝了。'这时我才发现，他什么饮料都没有点，就这样一直坐在位子上等了30分钟。我心里想，还好你没有说：'请给我菜单！'"

这是我将实际经验依照"D"(描述)—"P"(笑点)—"E"(说明)整理后的结果。只要像这样稍微改变叙述顺序，就算是生活中的平凡小事，都能听起来像是喜剧。

刚开始可能让你觉得很困难，但还请务必试试看。如果能讲到让对方会心一笑的程度，那是最好的。

· POINT ·

改变说话顺序，平凡小事也能很有趣！

⑦ 打动人心的话题灵感，怎么搜集？

如果你并不是个很会搞笑的人，请放心，单纯地搞笑其实并不有趣。闲聊能否让人觉得有趣，**其实是来自你对"日常小事里重要信息"的掌握度。**

例如，当你听到社长说："之前的合作厂商，虽然已经两年没联系，他们的业务员还是打了电话过来。我想说对方如此热心，就下了订单。"可以加上自己的感想，回答："我现在才察觉到，不要断然切开缘分是件重要的事。"

如果能做到这一点，就能自然地与人进行高质量的闲聊。请你也多试着从日常生活中找出可以切入话题的关键吧，就算是简单的事情也可以。

最近我自己感觉到重要信息的瞬间，发生在盂兰盆节[①]时，

[①] 盂兰盆节：节期在每年农历七月十五日的节日，也称盂兰盆会。

挤满返乡人潮的新干线上。

当我看着因为没有预约到座位、只能站在车厢间走道的一家人与舒适地坐在指定席上的家庭时，因为他们辛苦程度的差别，突然有了个想法——"温柔"就是不仅想到自己，也会替周围的人着想，并率先展开行动。就像坐着的这家人之中，便有人知道要抢先订票。

其实如此程度的思考就可以了。只要能从日常生活的平凡小事中，了解"毅力""跨越心防""站在对方立场""不忘初心"等各式各样重要之事，就能完成高质量的闲聊。

以下场景都可能是让人有灵感的时刻——"返乡扫墓时""偶然早起看到太阳升起""注视着努力工作的伙伴""在拥挤的车上，看见自己照映在车窗上的脸庞""同事感冒了""本来以为员工旅游已经是过时活动，实际上参加了以后"……

不管什么事都可以，只要从这些日常小事中，养成找出重要启发的习惯。如此一来，也能提高自己的感受性。

松下的创办人——松下幸之助也曾这么说过：有人听着风声就能顿悟。而他正是把人的话语、动作都比喻成寂静之中吹起的风，并认为从中可以找出人生重大的意义。

当然，不止话语与动作，所有日常生活中的小事都可以是寂静人生之中吹起的风。最近，我就觉得自己与曾去留学过的十几岁的儿子,有一段很不错的对话。

好的范例:

我:"有交到朋友吗?"

儿子:"嗯,交到了。有沙特阿拉伯人、西班牙人、中国人等各种朋友。"

我:"不同国家的人,想法真的都不太一样吗?"

儿子:"不,其实结果是因人而异。我想最重要的,是与人交往时,不要有先入为主的观念才对。"

听到儿子那么说,真的让我很佩服。我本来还以为自己是个没有偏见的人,直到那一瞬间,才发现自己戴着"有色眼镜"。虽然只是短暂的通话,却意外让我注意到这件很重要的事。

我还是认为,那股寂静之中吹起的风,始终存在于我们眼前。如果能通过对话察觉到一些人生的意义,自然就可与人深度地交谈。

· POINT ·

平淡无奇的日常光景中,潜藏着深度聊天的信息。

加分专栏

当时这样说就好了

有趣的人与麻烦的人,其实也只差之毫厘。如果你在说了有趣的话以后,很在乎他人的反应,就会变成麻烦的人。那些会对同事说"你应该要做点反应啊"的人,就是麻烦的人。

生活不是搞笑节目,你没有权力要求别人做出反应。如果要别人做出反应其实就只是单纯的任性和撒娇而已。如果别人真的觉得有趣,自然会笑;真心觉得佩服时,也会反射性地说"喔"。总之,自己说的话是否有趣,光看对方的反应就能知道了。你要能够这么想,才能好好与人交谈。事实上,所谓"有趣的事情"并不只是让对方笑出来那么简单。**使人有发现才是有意义的。**

很多日本人都觉得池上彰[①]先生的话很有趣。然而,池上

[①] 池上彰:日本资深记者。常于书籍、电视节目上以简单易懂的方式解说新闻议题,广受好评。

先生的话，很少会有让人大笑出声的地方。因为他的话是有深度的有趣。

所以，就算你没有自信让人笑出声也没有关系。"有趣＝有内容"，只要这么想就可以了。

当对方对自己说的话有反应时，人们常常一不小心就会说太多。然而这时候，对方大多只是在配合你而已。若你是较年长的一方，更要特别注意是否落入这种状况。

你可以想想——当立场反过来时，你是否也曾像这样被逼着听人说话呢？因此，**说了一两句话后，就要立刻转变为聆听者的角色**，让闲聊变得更加有趣的重点，就是让对话保持在刚刚好的长度。

本章重点

- 善用"五感叙述法",对话有画面感、更引人入胜

- "举例"让你说话变有趣,他人轻易能理解

- 越是困难的处境,越要反向思考,这就是"人缘好"的秘密

- 活用"假设问句",让讲话超幽默

- 只要掌握好"熟悉的部分",就能驾驭对方所有话题

- 工作从"结论"说起,有趣的话以"叙述"开头

- 生活中的小细节,都是展开"深度对话"的关键

CHAPTER 7

不用找话题，谈再久都不累的"提问绝招"

① 七成让对方说，交谈不疲惫的"3W 法则"

想让对话更加热络，绝对不是一直说话就够了。事实上，与其滔滔不绝，还不如设法让对方说得更多。最理想的程度是"对方说七成，自己说三成"。但也得注意，别用"一问一答"的方式吸引对方开口，这只会搞得像在侦讯一般，就算确实让对话你来我往、看似热络，也会使他人深感疲惫。

如果想让交谈对象说话时心情更愉悦，那就要善用"扩大提问法"。这个关键技巧，我在当培训讲师时也曾介绍过。

提问可分成"限定提问"与"扩大提问"两种。"限定提问"指的就是"一问一答"，简单来说，就是别人可以用单字回答的提问。例如，"你的兴趣是什么""在哪里呢""你开心吗"等，都是属于限定提问。

另一方面，"扩大提问"则无法以单字回复，听者至少得以写简答题的感觉来阐述自己的感受才行。例如，"是怎样的工作，才会使人这么开心呢？"这个问题，就会使回答者不得不以文章方式回答，才好说明自己的想法。

若想让对话更热络，建议你多使用"扩大提问法"。而其中有一个可以提供给你的诀窍，那就是——**要有意识地使用"3W法则"**。也就是要善用"为什么"（Why）、"什么"（What）、"如何"（How），以此提问的方式，引导对方自主开口多说一些话，应用案例如下。

好的范例：

你："最近您在工作上遇到什么问题吗？"

同事："嗯……没有特别遇到什么问题。"

你："太好了，那我就安心了。任何小事都可以喔，如果方便的话，就告诉我吧。或者有没有什么在意的地方？"

同事："这么说的话……如果月底的业务量可以稍微减少就好了……"

你："为什么会想减少呢？"

同事："因为我得去幼儿园接孩子，但月底总是加班，让孩子等到很晚。"

就像这样，只要你继续使用"扩大提问"，对话就会不断地延续下去。

好的范例：

你："月底加班啊……话说，您的孩子在等待您的时候，都做些什么呢？"

同事："他会一边跟几个朋友一起堆积木，一边等我。"

你："嗯……真的很想赶快去接他呢。你觉得该怎么做才能解决这个问题呢？"

同事："如果能把工作量分散到月初和月中就好了。"

你："原来如此。话说回来，为什么分散工作量会这么困难？"

就像我在前几章介绍过的——人会通过与他人对话，注意到自己原先未曾察觉到的问题，并且找到解决方法。我想，像上面这样的对话，若持续下去，该位同事也总会察觉到自己能够怎么办吧。如上所述，闲聊时只要像这样，就能自然地让对方讲出七成的话。

话虽如此，事实上也只有一成左右的人，能够顺利地在交谈中使用扩大提问。绝大多数的人，都会变得支支吾吾。而那一成懂得使用扩大提问的人，其实并不"健谈"，而是"冷静"。换句话说，越会说话、越滔滔不绝的人，反而越不会使用扩大提问。

下次与同事对话时，请试试看自己能否做到吧。如果发现自己暂时还做不到，请不要气馁，多试一两个礼拜，就可以了。只要实际应用，一定会让你感觉到自己的进步，请务必确认看看。

· POINT ·

想与人热络交谈不冷场，"扩大提问"是绝招！

② 用"很少见"来赞美，无论谁听了都受用

人在被称赞时，都会情不自禁地感到开心。因此，这里有个诀窍，想要特别介绍给不擅长称赞他人的人。

那就是：当发现对方不错的地方时，就说：**"真棒！这很少见呢。"** 如果你能成功将这句话传达给他人，相信连你自己都会感觉很愉快。

例如，拜访对方办公室，发现前台小姐接待的态度很好时，你就可以说："很少会有公司能够做到这种程度呢。"这样的称赞，从熟知其他公司状况的人口中说出，肯定很令人开心。

当然，不仅前台的接待态度，其他任何事情都可以。看到客户的员工们很有精神地在办公室里工作，你也可以说："真有活力呢！这很少见！"

反之，如果他的下属们都安静又专注地工作，就说："好厉

害的集中力,很少看到有公司的办公气氛这么严谨、专业!"

就像这样,多加上一句"难得""少见"来诉说自己的感想就可以了。这就是到哪里都有效的称赞技巧。

不管你是身处拜访对象的公司感觉到公司的气氛,还是在前往客户公司的路上,或者到他人家中登门拜访时……只要觉得有不错的地方,都可以加上"很少见"这样的字眼表达赞许,让对方更有自信。

当你这样向他人称赞某些优点时,还可以期待你的感想能确实地被传达给第三者,譬如刚刚举例中的柜台小姐就很有可能间接得知你的赞美。加上"很少见",就可以让他人的喜悦程度大幅提升。这就是简单称赞他人的绝妙技巧。

· POINT ·

再小的优点,以"难得"来称赞,都会让人很开心。

③ 面对"得罪不起"的人，该怎么说话？

当交谈对象是前辈、任居要职者时，相信许多人都可能会不自觉表现得有些畏缩吧？然而，越是畏缩，对话只会变得越无趣。

有些人因此想多说一点，便故意地采取"口无遮拦"的策略，但这样有不小心惹对方生气的风险。

其实，有个更好的办法，不仅可以保住对方面子，还可以拆除与上级之间的那道墙。只要很简单地用下面这句"Killer Question"（助攻提问）来切入话题就可以了。

助攻提问：
"像您这样（身份地位）的人，应该不会遇到这种事吧？"

我知道有位很会使用这个说话技巧的艺人，那就是明石家秋刀鱼[①]先生。明石家秋刀鱼是日本公认的对话达人，无论谈话对象是谁，多么难搞、权威，他都可以顺利拆掉与对方之间的心墙，让交谈变得有趣。他曾与渡哲也[②]有过一段对话，我认为是十分经典的范例。

说到渡哲也，他当时除了是日本一线演员外，在被称为"石原军团"的硬派演艺公司中更是队长级的人物，个人非常有气势，作为嘉宾可说是超级 VIP。但是，如果仅仅只是采访般地询问渡先生令人感激的事情，并不能成就一番精彩的对话。不愧是明石家秋刀鱼先生，他在一瞬间便将那座高墙拆除了。

好的范例：

秋刀鱼："渡先生与演艺圈的哪位人物有来往吗？"

渡哲也："其实我朋友并不多，因为我说话太无趣了。"

秋刀鱼："是吗？难道你都不会开玩笑吗？例如，说'哎呀！我尿在裤子上了'之类的，你不会说

[①] 明石家秋刀鱼：日本落语家、搞笑艺人、演员，是日本深具代表性的主持人之一。

[②] 渡哲也：日本影视演员，在上大学期间参加试镜并出道，首部作品是《红色山谷的决斗》，因在 20 世纪 70 年代出演大量警匪、黑帮题材作品而受到欢迎，是日本昭和时代的代表性演员。

这种话吗?"

渡哲也:"哈哈哈!"

秋刀鱼:"我想你应该不会有。像渡先生这样的人,过去应该从来没有做过这种事吧。"

渡哲也:"哈哈哈!我也是一般人,当然有这种经验。"

秋刀鱼:"骗人!渡先生耶,应该不会吧。尿在裤子上,是真的吗?"

渡哲也:"哈哈哈!是真的。"

秋刀鱼:"话说回来,叱咤风云的渡哲也先生,应该没有被女性拒绝过的经验吧?"

渡哲也:"有喔。"

秋刀鱼:"咦?在半夜连打好几通电话什么……你应该不会做这种丢人的事情吧?"

渡哲也:"虽然我已经忘记详情了,但秋刀鱼先生做过的事,我应该也都做过喔。"

秋刀鱼:"什么?渡先生居然也做过!"

这正是不失礼仪,又可以有效拆除高墙的方法。简单来说就是利用"像您这样的人,应该不会做这种事"来切入。其他可以用在生活中的例子有——

"虽然我想应该不会啦,但山田社长您有过讨厌工作的时候吗?"

"虽然我想应该没有,但高桥部长您有为了营业额苦恼的时候吗?"

"虽然我想应该不会啦,但太田课长您有因为不长进的下属而烦恼过吗?"

这些问题的回答可想而知。大部分的人都会回答你:"当然有啊!"而这正是高墙被拆除的象征。

出现这个迹象之后,请继续说:"咦?是这样吗?例如是怎样的情况呢?"一旦高墙倒塌,你就能朝着另一侧大步迈进,自然地让对话更加有趣了。

如果你一直顾虑上级,就会变成无趣的人。为了让对话更加热络,请务必试试看这个"卸除人心高墙"的绝招吧。

· POINT ·

想要消除隔阂,先为对方的面子设想。

④ 诱导对方说不停的"冷场破冰术"

跟话少的对象交谈时,总是会产生一些不自然的沉默吧?而且那些沉默,还会让彼此有微妙的紧张感。为了避免这样的情形,你必须制造让对方容易开口说话的情境。有一句可以使用在这个时候的"Killer Question"(助攻提问),希望你能试试看。

助攻提问:

"然后呢?后来怎么样了?"

这是电视上也很常见的黄金词句,主持人会用来询问紧张的演员,范例如下。

CHAPTER 7 · 不用找话题，谈再久都不累的"提问绝招"

好的范例：

主持人："喔，你是在表参道①被星探发掘的啊。"

演员："是的。"

主持人："那么，在那之后发生什么事了呢？"

演员："立刻被邀去了办公室。"

主持人："然后呢？"

演员："等了一阵子，里面走出一个感觉很可怕的大人，就是我们社长。"

主持人："那还真令人紧张，然后怎么了？"

这个问句的主要目的，就是要让对方根据时间轴挤出对话，并且进一步述说故事，同时也有**加快对话速度**的功用。当你询问对方的经验与轶事，也就是以过去为话题时，使用"然后呢""在那之后呢"会很有效果。若对方话很少，请务必使用看看，那个微妙的沉默立刻会消失得无影无踪。

· POINT ·

面对话少的人，就用"事件时间轴"来破冰吧！

---

① 表参道：日本地名。是东京主要的特色街头时装店聚集地之一。

⑤ 好汉爱提当年勇，
一句问话让他痛快说

我常听到有人说自己"不擅长与年长者对话"，因此接下来，就为你介绍一些可以与年长者对话更加热络的技巧。

在此有个关键的要点，那就是：比起未来的事，人们对于过去的事情较能够轻松诉说。而与此同时，对大多数的人来说，过去的某些体验，都恰好是自己努力生活的原点，若有人能对此感兴趣，是很令人开心的一件事。

如果想让对话变得更热络，刻意将对方的过往当成话题，也是非常有效果的。在此有个想请你务必试试的"Killer Question"（助攻提问）。

助攻提问：

"当时跟现在是不是差很多呢？"

这句话实际应用起来，场景会像这样。

好的范例：

你："现在的状况跟 20 年前是不是差很多？"

长官："真的是这样，当时本社还在国道旁边喔。"

你："我有听说，那时社内的气氛也跟现在很不一样吗？"

长官："完全不一样。因为还是草创期①，内勤的员工们还会带着手工饭团来一起吃，大家真的很像一家人。"

你："其实现在的公司，整体来说也很有一体感啊，就算如此跟以前还是不一样吗？"

长官："完全不一样喔。"

你："真的吗？现在已经很有一体感了，那当时是怎样的感觉呢？"

长官："嗯，当时不如说是大家都很有危机感，毕竟连钱都没有嘛！"

即使现在看来是个进驻气派大楼的庞大企业，而且对方非

---

① 草创期：从企业创立到稳定获利之前的这一段时间。

常成功有为。但之所以会有今日的成就，其过程想必是有着许多不为人知的艰辛吧，而且，也一定有个最开始的"原点"。

那些过往，对于当事人来说往往非常重要，一定蕴藏了许多故事，希望你务必抱持着关心的态度，询问对方。如此一来，将有机会与人展开一段很有深度的对话。

· POINT ·

他人的成功故事，就是热络交谈的好话题。

⑥ 学会这么问候，
　　"长辈缘"手到擒来

　　接下来，介绍一个可以使用在年长者身上的绝妙好招。前阵子，我凑巧听到某位女性自言自语，因而发觉了一件触动我心弦的事。那是一位 70 岁的女性，她捧着脸颊，喃喃自语地说："最近总有点在意法令纹呢……。"

　　在别人眼里，年过 70，长出法令纹应该是理所当然的事吧？但是换作本人，可是在意得不得了。这件事触动我的地方是——人不管到了多少岁，果然都有希望自己不要改变的愿望。这份心情不论男女，只要过了 30 岁，我想大概都会有。

　　因此我认为，想要开启一场令人心情愉快的对话，就要首先能对这种细微的心情给予共鸣。当你遇到很有精神的人时，希望你务必积极地使用以下的"Killer Question"（助攻提问）。

助攻提问：

"为什么您看起来都没有变呢？"

如果对方给你看他 10 年前的照片，你说对方的外观完全没有改变，反而会让人觉得很奇怪。因此，没有必要对外表多说什么，**应该将重点放在他人活力充沛的样子**。假如你针对这点说了："为什么你都没有变呢？"对话就会像这样展开。

好的范例：

友人："不不，我变了很多啊！"
你："不，那精神奕奕的感觉，可一点也没有变呢。"
友人："是真的吗？"
你："是的，完全没有变。你是不是特别注意什么？"
友人："硬要说的话，就是每周去一次健身房吧。"
你："果然是这样！"

人们通常都一定付出努力，或是严守某些方针来维持自己的生活——为了与人顺利对话，这是个不可忽视的要点。

不过话说回来，也有些绝对不可以提起的话题。首先是

CHAPTER 7 · 不用找话题，谈再久都不累的"提问绝招"

"变得很有气势了"这句话，因为这也可能被认为暗藏着"胖了""老了"等意思，所以一定得多加注意。

第二个则是更不好的例子，那就是"我们都变老了呢"。其实，我也曾经被这么说过。那是在我跟对方暌违 20 年后再次见面的场合上，听到老朋友说的。虽然彼此的年纪确实都有所增长了，但被这么一说还是有点不快，甚至觉得对方很没常识。这一点，其实就像我前面提到要注意的——话题不该涉及外貌。

最后就来整理一下吧。人们一如往昔般有活力、精神奕奕的感觉，其实比外貌还要更有魅力。对方可能为此付出许多努力，或刻意地严守某些方针来维持。如果你能表现出察觉到这点的机灵，不仅能让对方感到被尊重，也会使对话变得更加有趣。多多使用这个词句吧，对方连看待你的眼神都会改变。

· POINT ·

"你都没有变"应该要形容精神，而非外貌。

⑦ 接话回应带感情，
   会越谈越热聊不停

为了让话题更加热络，我们有必要确实地"做出回应"。毕竟他人在交谈时，大多都会想让气氛更加热络，如果始终得不到什么回应，他可能便觉得："这个人真的懂我在说什么吗？""他好像不怎么感兴趣啊。"

所以，请务必确实地做出回应。你可以利用几个代表性的词句来表达情绪，如"令人惊讶！""真有趣！"让对方感觉到回应。就像下面的范例，请务必试看看。

好的范例：

友人："前几天，我去了一趟越南。因为觉得那边的城镇非常有活力，所以就查了一下，发现越南工薪族的平均年龄竟然是30岁！更令人惊讶的是，那里摩托车超多，一路都拼命地按喇叭，像流水一样纵横奔驰着。"

你:"像流水那般吗?真是令人惊讶!"

再举一个例子。

好的范例:

友人:"还有,越南也像日本一样有大型超市。但惊人的是,里面人非常多!他们会携带家眷,一整天待在那里,就好像去主题公园一样,每个人脸上都挂着笑容。"

你:"感觉好有趣喔!好想亲眼看看。"

聆听对方给的信息后,最重要的就是"确实地做出回应"。若你只回应"这样啊""真的吗",就显得太过冷淡,会让对方感到不安,搞不好他人还会在心里想:"早知道就不说了!"

确实给予回应,就是让对话不冷场的最佳守则。

· POINT ·

如果不想冷场,你的回应就很重要!

加分专栏

当时这样说就好了

相信在你身边，总有那种会让对话冷场的人。他们自以为对人家好，实际上却在强加自己的意见。他们说的话大概都像："这里的中餐很正统，很好吃喔。""因为店里的厨师都曾在中国培训过，特别是爆炒虾仁最好吃了！"

或者："高桥先生好像因为业绩一直上不去，没什么精神。""因为高桥先生怕生，总是缩着身子。"虽然他可能每句话都没有恶意，但还是会让对话冷场。

在闲聊时最正确的态度，就是要**"封印自己的评论"**。如果本来想说："这家店很好吃喔！"就改成："为什么会这么好吃呢？"想说："高桥先生没什么精神呢。"则替换为："高桥先生现在不知道感觉如何呢？"

提到"面子"，可能会让人觉得很老套，但面子其实也是"对方的尊严"。如果你让对方没有面子，便极可能会让人感到不愉快。

我曾看过一个血淋淋的实例，是一位老牌艺人参加某个脱口秀节目时的访谈。当时那位老艺人说："其实，写曲子是很辛苦的工作呢。"主持人居然接口说："话是这么说，但其实你是随便乱写的吧。"老牌艺人立刻回答："喂！这太失礼了！我可不能装作没听到。"

总而言之，**绝对不能拿对方重视的事情开玩笑**。为了有一场愉悦的对话，这是最基本的准则。上面例子中的主持人，因为求好心切想让对方解除戒心，却反而害来宾没面子，可说是本末倒置。一定要慎重对待他人重视的事物，并随时保持尊敬的姿态。

本章重点

- 对话的黄金比例7:3,意思就是"多听少说"

- 用"特别"来称赞别人最有效

- 面对得罪不起的人,就要给足面子

- 想拉近与上司的距离,就用提问诱导他说出经验

- 询问过去与现在的差异,可以炒热气氛

- 对长辈打招呼时,就说:"您都没有变呢!"

- 适时回应、传达自己的感觉,会让对方更愿意开口说话

图书在版编目（CIP）数据

当时这样说就好了/（日）伊庭正康著；汪欣慈译. — 北京：北京日报出版社，2021.1（2023.4重印）

ISBN 978-7-5477-3891-7

Ⅰ.①当… Ⅱ.①伊… ②汪… Ⅲ.①语言艺术-通俗读物 Ⅳ.①H019-49

中国版本图书馆CIP数据核字(2020)第219364号

著作权合同登记 图字：01-2020-6701号

1PPUNDEUCHITOKERU！SENRYAKUTEKINAZATSUDANJUTSU
Copyright © 2017 Masayasu Iba
All rights reserved.
First published in Japan in 2017 by ASUKA Publishing Inc.
Simplified Chinese translation rights arranged with ASUKA Publishing Inc.
through CREEK & RIVER CO.,LTD. and CREEK & RIVER SHANGHAI CO., Ltd.
This translation is authorized by Babel Publishing Company
本書中文譯稿由方言文化出版公司授權使用

当时这样说就好了

责任编辑：秦　姚
作　　者：伊庭正康
译　　者：汪欣慈
监　　制：黄利　万夏
特约编辑：曹莉丽
营销支持：曹莉丽
版权支持：王秀荣
装帧设计：紫图装帧
出版发行：北京日报出版社
地　　址：北京市东城区东单三条8-16号东方广场东配楼四层
邮　　编：100005
电　　话：发行部：(010) 65255876
　　　　　总编室：(010) 65252135
印　　刷：天津中印联印务有限公司
经　　销：各地新华书店
版　　次：2021年1月第1版
　　　　　2023年4月第4次印刷
开　　本：880毫米×1230毫米　1/32
印　　张：6.5
字　　数：112千字
定　　价：49.90元

版权所有，侵权必究，未经许可，不得转载